Jaiteg Singh
Tanya Gera

Uma abordagem parametrizada para lidar com spammers de resenhas

Jaiteg Singh
Tanya Gera

Uma abordagem parametrizada para lidar com spammers de resenhas

ScienciaScripts

Imprint

Any brand names and product names mentioned in this book are subject to trademark, brand or patent protection and are trademarks or registered trademarks of their respective holders. The use of brand names, product names, common names, trade names, product descriptions etc. even without a particular marking in this work is in no way to be construed to mean that such names may be regarded as unrestricted in respect of trademark and brand protection legislation and could thus be used by anyone.

Cover image: www.ingimage.com

This book is a translation from the original published under ISBN 978-3-659-83077-8.

Publisher:
Sciencia Scripts
is a trademark of
Dodo Books Indian Ocean Ltd. and OmniScriptum S.R.L publishing group

120 High Road, East Finchley, London, N2 9ED, United Kingdom
Str. Armeneasca 28/1, office 1, Chisinau MD-2012, Republic of Moldova, Europe
Printed at: see last page
ISBN: 978-620-8-25253-3

Índice:

Uma abordagem parametrizada para lidar com Sock Puppets que enganam os clientes on-line

BY

TANYA GERA

JAITEG SINGH

RESUMO

Atualmente, os sítios Web de comércio eletrónico oferecem um grande número de plataformas aos utilizadores, nas quais estes podem exprimir os seus pontos de vista, as suas opiniões e publicar as suas críticas sobre os produtos na Web. Estes conteúdos, fornecidos pelos utilizadores, estão disponíveis para outros clientes e fabricantes, constituindo uma valiosa fonte de informação. Estas informações são úteis para a tomada de decisões comerciais importantes. Embora estas análises sejam uma importante fonte de informação, o controlo da qualidade destes dados gerados pelos utilizadores não está assegurado. Tal pode dever-se ao facto de a secção de resenhas ser uma plataforma aberta que está disponível para todos partilharem as suas opiniões. Qualquer pessoa pode escrever qualquer coisa na Web, o que pode incluir críticas que não são verdadeiras. Como a popularidade dos sítios de comércio eletrónico está a aumentar imenso, a qualidade das críticas está a piorar de dia para dia, afectando assim as decisões de compra dos clientes. Os autores de spam podem publicar comentários positivos para promover um produto/marca ou comentários negativos com a intenção de rebaixar um produto/marca. Infelizmente, muitas organizações estão a ganhar dinheiro com estas actividades. Os autores de spam são também muito bem pagos por essas organizações para escreverem na Web comentários falsos sobre os produtos visados. Isto tornou-se um grande problema social. Apesar de, nos últimos anos, terem sido comunicados muitos casos de spam por correio eletrónico e na Web. Mas hoje em dia, devido à popularidade do interesse dos clientes pelas compras em linha e à sua dependência das opiniões em linha, tornou-se um alvo importante para os autores de spam de opiniões enganarem os clientes escrevendo opiniões falsas sobre os produtos visados. Os autores de spam de opinião escrevem opiniões positivas injustas para algumas entidades-alvo, a fim de as promover, ou emitem opiniões negativas falsas para outras entidades, a fim de prejudicar a sua reputação. Escrever críticas falsas é uma atividade ilegal. Esta atividade é também designada por shilling. Os termos review spammers, opinion spammers e fake reviewers são utilizados indistintamente. Existem muitas formas diferentes de spam de opinião, por exemplo, críticas falsas (também chamadas críticas falsas), comentários falsos, blogues falsos, publicações falsas nas redes sociais, enganos e mensagens enganosas. Tanto quanto é do nosso conhecimento, não há muitos estudos sobre esta questão. Atualmente, as pessoas estão a tornar-se habituais e mais dependentes das compras em linha, mas, ao mesmo tempo, estão a perder a confiança na fiabilidade das críticas em linha. O primeiro artigo foi publicado em 2007 sobre a deteção de spam de críticas. Nos últimos anos, foram propostas várias abordagens para lidar com o problema. Neste trabalho, adoptamos uma abordagem diferente para detetar críticas suspeitas, avaliadores suspeitos e grupos de avaliadores suspeitos, considerando estatísticas geográficas e parâmetros de rede.

PREFÁCIO

A presente tese tem por objetivo desenvolver uma nova abordagem de identificação de críticas suspeitas em sítios Web de comércio eletrónico. O trabalho inclui um teste BILD para identificar o número de comentários suspeitos, os avaliadores suspeitos e o grupo de spammers. O trabalho é apresentado em seis capítulos.

O primeiro capítulo introduz o conceito de logro, críticas enganosas e vários tipos de spam. Inclui também o conceito de spam de críticas, que se tornou uma grande ameaça para a sociedade. Inclui também a descrição de várias formas inteligentes adoptadas pelos autores de spam nos dias de hoje para realizar actividades de spam de forma inteligente. Por último, este capítulo aborda a parte mais perigosa do spam de críticas, ou seja, o spam de grupo, em que uma colusão de spammers trabalha em conjunto para atingir um produto-alvo.

O segundo capítulo analisa o trabalho realizado por muitos investigadores neste domínio nos anos anteriores. A pesquisa bibliográfica abrange a contribuição de muitos investigadores neste domínio da deteção de críticas falsas entre 2007 e 2013. Apresenta também uma breve descrição das metodologias existentes para identificar os autores de spam.

Com base no estudo dos trabalhos dos anos anteriores, é formulada a declaração do problema, que é apresentada no terceiro capítulo, juntamente com os objectivos do nosso trabalho.

Toda a metodologia seguida no BILD TEST foi apresentada de forma exaustiva no quarto capítulo. O trabalho dá ênfase a uma técnica que identifica suspeitas através da inclusão de parâmetros de rede e estatísticas geográficas.

A implementação passo a passo e os resultados foram apresentados no quinto capítulo da tese. Os resultados mostram a lista de avaliações suspeitas, avaliadores suspeitos e grupos de spammers.

O sexto capítulo aborda as conclusões e o trabalho futuro do trabalho apresentado. O âmbito deste trabalho não se limita aos sítios Web de análise de produtos. Esta metodologia também pode ser aplicada em muitos outros sítios Web de redes sociais, de modo a manter a autenticidade, a qualidade e a fiabilidade da informação na Web.

CAPÍTULO 1

INTRODUÇÃO

1.1 Críticas enganosas

À medida que as redes sociais são progressivamente utilizadas para a tomada de decisões básicas por associações e pessoas, o spam de conclusões está também a tornar-se mais abrangente. Para algumas organizações, o facto de publicarem elas próprias suposições falsas ou de utilizarem outros para o fazerem por elas transformou-se num método pouco recomendável de publicidade e de promoção da marca. Embora o fluxo e refluxo na deteção de spam de suposições ainda esteja na sua fase inicial, alguns cálculos bem sucedidos foram propostos e utilizados como parte da prática. Por outro lado, os autores de spam estão a tornar-se cada vez mais modernos e cautelosos na composição e apresentação de suposições falsas para evitar a deteção. Na verdade, assistimos até agora a um concurso de armas entre os cálculos de deteção e os autores de spam. Seja como for, acreditamos que cálculos de deteção mais complexos terão como objetivo tornar extremamente difícil para os remetentes de spam a publicação de suposições falsas. Esses cálculos tendem a ser metodologias abrangentes que incorporam[30] todos os artifícios concebíveis ou educam o processo de deteção. Por último, devemos notar que o spamming de avaliação ocorre nas críticas, bem como em diferentes manifestações de redes em linha, por exemplo, sítios Web, intercâmbios de discussão, discursos e publicações no Twitter. Seja como for, até à data, foram realizados poucos estudos nestes contextos. As opiniões provenientes das redes sociais são progressivamente utilizadas pelas pessoas e pelas associações para decidir sobre as escolhas de compra e sobre as decisões a tomar nas corridas, bem como para a publicidade e o planeamento de produtos. As suposições construtivas significam frequentemente benefícios e distinções para as organizações e as pessoas, o que, tragicamente, dá motivações sólidas para que os indivíduos se divirtam com o enquadramento, publicando sentimentos ou críticas falsas para elevar ou arruinar alguns produtos, administrações, associações, pessoas e até pensamentos-alvo, sem revelar as suas verdadeiras propostas, ou o indivíduo ou a associação para quem estão furtivamente a corresponder às expectativas. Essas pessoas são designadas por spammers de conclusões e os seus exercícios são designados por spamming de suposições [2, 3]. O spamming de noções sobre questões sociais e políticas pode até ser assustador, uma vez que pode distorcer suposições e reunir massas em posições contrárias aos costumes legais ou morais. É seguro dizer que, à medida que as avaliações nas redes em linha são progressivamente utilizadas como parte da prática, o spam de sentimentos [30] tornar-' se-á mais difundido e refinado, o que introduz um verdadeiro teste para a sua deteção. Por outro lado, é necessário identificá-los para garantir que a rede em linha continue a ser uma fonte fiável de avaliações populares, em vez de estar carregada de suposições falsas, falsidades e desvios.

1.2 Tipos de spam

A deteção de spam tem sido, regra geral, contemplada em numerosos domínios. O spam na Web e o spam no correio eletrónico são os dois tipos de spam mais comuns. O spam de suposição é, mais uma vez, completamente diferente. Há dois tipos principais de spam na Web, ou seja, spam de ligação e spam de substância [31, 32]. O spam de ligação é o spam em hiperligações [30], que praticamente não existe nas análises

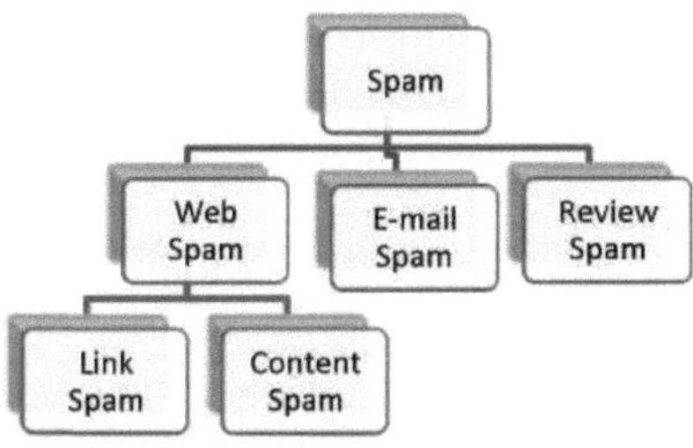

Figura 1.1 Tipos de Spam

Embora as ligações publicitárias sejam normais em diferentes manifestações das redes sociais, são geralmente simples de descobrir. O spam de substâncias inclui palavras comuns (mas imateriais) em páginas Web alvo, de modo a enganar os rastreadores da Web e torná-las importantes para várias questões de pesquisa, mas isto raramente acontece em publicações de conclusões. O spam de correio eletrónico faz alusão a promoções espontâneas, que também são pouco comuns em conclusões online.

1.3 Spam de revisão

O spam de conclusões falsas é muito mais difícil de gerir. A inclusão de palavras sem importância é de pouca ajuda. Em vez disso, os remetentes de spam compõem auditorias positivas indignas para promover os seus objectos-alvo e/ou inquéritos negativos malévolos para prejudicar a notoriedade de outros objectos-alvo. As suposições provenientes das redes sociais são progressivamente utilizadas por pessoas e associações para decidir sobre escolhas de compra e decisões em corridas, bem como para publicidade e descrição de artigos. Conclusões construtivas significam regularmente benefícios e popularidades para organizações e pessoas, o que, tragicamente, dá motivações sólidas para que os indivíduos desviem a estrutura, publicando sentimentos ou auditorias falsas para elevar ou rebaixar alguns itens, administrações, associações, pessoas e até pensamentos alvo, sem revelar os seus objectivos reais, ou o indivíduo ou associação para os quais estão furtivamente a satisfazer expectativas. Essas pessoas são designadas por spammers de suposições e os seus exercícios são designados por spamming de conclusões (exercícios ilícitos). Por conseguinte, os cálculos de identificação de inquéritos falsos devem concentrar-se no reconhecimento de auditorias de spam. Os inquéritos

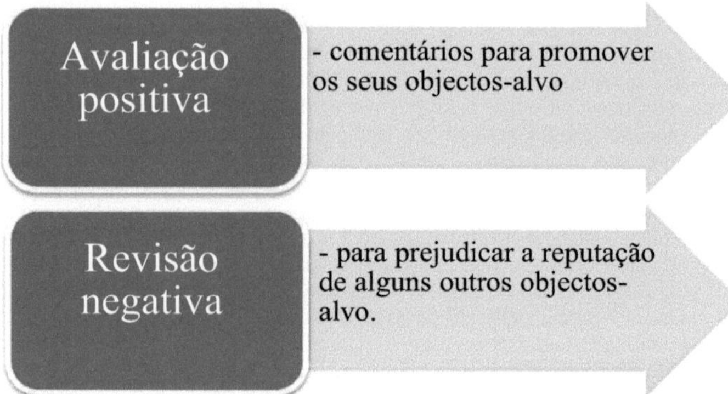

falsos podem ser vistos como uma manifestação extraordinária de duplicidade. Os autores de spam podem compor inquéritos positivos não merecidos ou auditorias negativas malévolas.

Figura 1.2 Tipos de críticas publicadas em sites de comércio eletrónico por spammers.

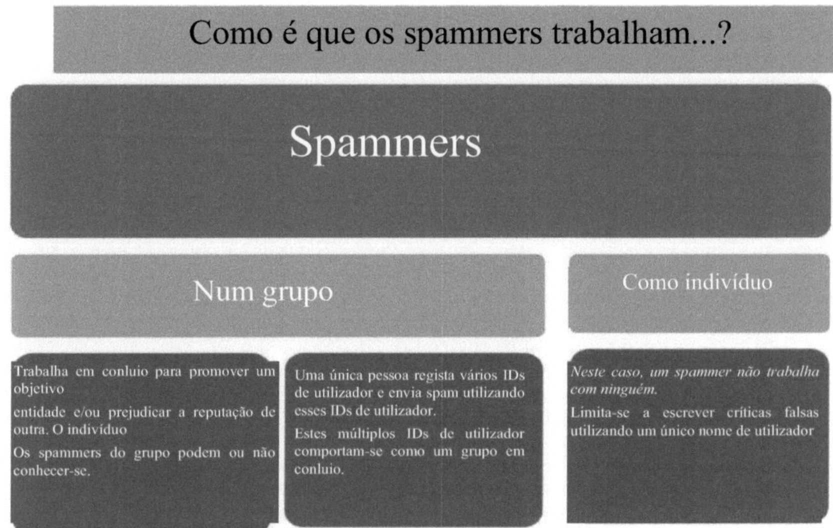

Figura 1.3 Critérios seguidos pelos spammers para promover/demover um produto alvo

Os spammers podem trabalhar numa reunião e, adicionalmente, numa única pessoa. Devido ao facto de o spammer trabalhar de forma independente, concentrando-se num item, ele/ela simplesmente compõe auditorias falsas utilizando um ID de cliente solitário. Estes tipos de spammers não gostam de trabalhar com ninguém. Por outro lado, a reunião de remetentes de spam [2, 3, 30] trabalha em conspiração para fazer avançar uma substância-alvo e/ou para prejudicar a notoriedade de um suplente. Os remetentes de spam individuais podem eventualmente conhecer-se uns aos outros. Além disso, um indivíduo solitário pode também fazer o mesmo que um grupo de remetentes de spam, alistando diferentes ids de clientes e efectuando exercícios de spam utilizando esses ids de clientes. Seja como for, um falso grupo de analistas (um grupo de comentadores que trabalham em sinergia para compor auditorias falsas) é significativamente mais prejudicial, uma vez que podem assumir o controlo agregado da avaliação do item alvo devido à sua dimensão. Note-se que por reunião de analistas, queremos dizer número de ids de analistas. Os verdadeiros analistas por detrás dos ids podem ser um indivíduo solitário com vários ids, pessoas diferentes, ou uma mistura de ambos.

1.5 Desafios na identificação de spam

O principal desafio da deteção de spam de sentimento é que, tal como acontece com os diferentes tipos de spam, é difícil, se não impensável, perceber as suposições falsas compreendendo-as fisicamente, o que torna difícil descobrir dados de spam de sentimento para ajudar a planear e avaliar os cálculos de deteção. Para diferentes tipos de spam, é possível recordá-los de forma razoavelmente eficaz. Na verdade, no caso de ser convincente, é sensivelmente difícil perceber o spam compreendendo-o essencialmente. Por exemplo, uma pessoa pode escrever uma crítica verdadeira para um restaurante decente e publicá-la como uma crítica falsa para um restaurante horrível, tendo em mente o objetivo final de o promover. Não há uma maneira real de capturar essa revisão falsa sem considerar os dados além do conteúdo da revisão em si, basicamente à luz do fato de que a mesma revisão não pode ser verdadeira e falsa nesse meio tempo. Pouca investigação foi efectuada em relação aos diferentes tipos de redes sociais.

1.6 Tipos de Spamming

Na análise do spam de opinião, foram distinguidos três tipos de críticas spam [3]:

* **Tipo 1 (críticas falsas):**

Trata-se de críticas falsas que não são compostas em torno dos encontros reais dos revisores com a utilização dos produtos ou administrações, mas são compostas com intenções ocultas. Contêm regularmente avaliações positivas indignas [3] sobre algumas substâncias alvo (produtos ou administrações), tendo em mente o objetivo final de fazer avançar os elementos e/ou conclusões negativas vergonhosas ou falsas sobre alguns elementos diferentes, de modo a prejudicar as suas notoriedades.

*   **Tipo 2 (comentários sobre marcas apenas):**

Estas críticas não comentam os produtos ou administrações específicos que devem ser analisados, mas apenas as marcas [3] ou os produtores dos produtos. Apesar do facto de poderem ser autênticas, são consideradas spam, uma vez que não se centram nos produtos específicos e são regularmente unilaterais. Por exemplo, uma crítica a uma determinada impressora HP diz "Detesto a HP. Nunca compro nenhum dos seus produtos".

*   **Tipo 3 (não revisões):**

Não se trata de revisões. Existem dois subtipos fundamentais:

> Anúncios comerciais.

> Outros escritos não essenciais que não contenham pressupostos (por exemplo, inquéritos, respostas e escritos irregulares).

Não se trata de spam de avaliação, uma vez que não transmitem sentimentos aos clientes. Foi demonstrado em [3] que as avaliações de spam dos tipos 2 e 3 são invulgares e moderadamente simples de descobrir utilizando a aprendizagem regulada. Independentemente da possibilidade de não serem descobertas, não se trata de um problema real, uma vez que os pesquisadores humanos podem, sem dúvida, identificá-las durante a leitura. Consequentemente, esta seção se concentra no tipo 1, avaliações falsas. Avaliações falsas podem ser vistas como um tipo excecional de engano [33, 34, 35, 36, 37 e 38]. Por outro lado, os truques convencionais aludem normalmente a mentiras sobre algumas certezas ou sobre o sentimento real de um indivíduo. Os cientistas reconheceram numerosos movimentos de desorientação no conteúdo. Por exemplo, estudos demonstraram que, quando os indivíduos mentem, têm tendência para se limitarem e gostam de utilizar palavras como "tu", "ela", "ele", "eles", em vez de "eu", "eu próprio", "meu", etc. Os mentirosos utilizam igualmente palavras identificadas com segurança, na maior parte das vezes para [30] ocultar "falso" ou para sublinhar "verdade". As críticas falsas não são o mesmo que mentiras em vários ângulos.

*   Os avaliadores falsos gostam muito de utilizar "eu", "eu próprio", "meu", etc.. Para dar aos utilizadores a sensação de que as suas críticas expressam os seus encontros reais.
*   As críticas falsas não são tanto as falsidades habituais. Por exemplo, alguém compôs um livro e professou ser um perseguidor e compôs uma recensão para fazer avançar o livro. A crítica [30] pode ser o sentimento genuíno do autor. Para além disso, numerosos avaliadores falsos podem nunca ter utilizado os produtos/administrações analisados, mas basicamente tentaram dar palpites positivos ou negativos sobre algo de que não fazem a mais pequena ideia. Não estão a mentir sobre qualquer verdade que conheçam ou sobre os seus sentimentos reais.

1.7 Spamming individual e em grupo

1.7.1 Spammers individuais

As auditorias falsas podem ser compostas por vários tipos de indivíduos, por exemplo, entes queridos, funcionários de organizações, concorrentes, organizações que dão administrações de composição de inquéritos falsos e até mesmo clientes verdadeiros (algumas organizações dão descontos e até mesmo descontos totais a alguns dos seus clientes, na condição de que os clientes componham inquéritos positivos para eles). De um modo geral, um remetente de spam pode trabalhar de forma independente ou, intencionalmente ou não, fazer parte de um grupo (estes exercícios são frequentemente muito secretos). Spammers singulares: Nesta situação, o remetente de spam não trabalha com ninguém. Simplesmente compõe inquéritos falsos utilizando uma identificação de cliente solitária, por exemplo, o escritor de um livro.

Figura 1.4 Spamming por indivíduo e grupo

1.7.2 Spamming em grupo
Existem dois subcasos principais:
- Um grupo de spammers (pessoas) reúne expectativas em intriga para fazer avançar um elemento-alvo e/ou para prejudicar a notoriedade de um suplente. É possível que os spammers individuais do grupo se conheçam uns aos outros.
- Um indivíduo solitário regista vários IDs de cliente e envia spam utilizando esses IDs de utilizador. Estes vários ids de cliente actuam da mesma forma que um grupo em conspiração. Este caso é frequentemente designado por sock puppetting.

O spamming em grupo é muito prejudicial, uma vez que, devido ao grande número de elementos de um grupo, pode assumir o controlo agregado da opinião [30] sobre um produto e desorientar totalmente os potenciais clientes, em especial no início da expedição de um produto. Apesar de os autores de spam em grupo poderem igualmente ser vistos como numerosos autores de spam individuais, o spam em grupo tem alguns atributos excepcionais. Além disso, devemos notar que um spammer pode trabalhar exclusivamente de vez em quando e como parte de um grupo algumas vezes diferentes. Um spammer também pode ser um verdadeiro revisor de vez em quando, tendo em conta o facto de que ele / ela também compra produtos como um comprador e pode escrever comentários sobre eles focados em seus encontros reais. Todas estas circunstâncias complicadas tornam o spamming de suposições extremamente difícil de distinguir.

1.8 Tipos de dados, caraterísticas e deteção
Foram utilizados três tipos principais de dados para a deteção de spam de revisão:

1.8.1 Rever o conteúdo
Da substância, podemos separar artifícios fonéticos, por exemplo, n-gramas de palavras e POS e outras insinuações sintácticas e semânticas para induzir em erro e inverdades. No entanto, as peculiaridades semânticas podem não ser suficientes, tendo em conta o facto de que se pode fazer uma crítica falsa [30] que é muito semelhante a uma crítica verdadeira. Por exemplo, uma pessoa pode compor uma crítica positiva falsa para um restaurante terrível, centrada no seu envolvimento real num restaurante decente.

1.8.2 Meta-dados sobre a revisão
Os dados, por exemplo, a classificação por estrelas atribuída a cada avaliação, a identificação do cliente do avaliador, a hora em que a avaliação foi publicada, o tempo necessário para compor a avaliação, o IP do anfitrião, a localização e a localização MAC [30] da máquina do avaliador, a área geográfica do avaliador e a sucessão de cliques no sítio da avaliação. A partir desses dados, podemos extrair vários tipos de exemplos de comportamentos irregulares dos avaliadores e das suas avaliações. Por exemplo, a partir de avaliações de críticas, podemos descobrir que um crítico escreveu apenas críticas positivas para uma marca e apenas críticas negativas para uma marca concorrente. Numa linha comparativa, se vários IDs de clientes da mesma máquina publicaram várias avaliações positivas sobre um produto, essas avaliações são suspeitas. Além disso, se as críticas positivas a uma estalagem forem todas da região adjacente à estalagem, não são claramente fiáveis.

1.8.3 Dados do produto
Dados sobre a substância que está a ser analisada, por exemplo, a descrição do produto e o volume/classificação dos negócios. Por exemplo, um produto não está a oferecer grande coisa, mas tem muitas críticas positivas, o que é difícil de aceitar. Estes tipos de dados têm sido utilizados para criar inúmeras caraterísticas de spam.

1.8.4 Dados públicos e privados
De igual modo, é possível ordenar os dados em dados abertos e dados privados do sítio. Por dados abertos, entendemos os dados apresentados nas páginas de avaliação do sítio facilitador, por exemplo, o conteúdo da avaliação, a identificação do cliente do avaliador e a hora em que a avaliação [30] foi publicada. Por dados privados, entendemos os dados que o sítio recolhe, mas que não são mostrados nas suas páginas de avaliação para o inquérito aberto, por exemplo, a localização IP e o endereço MAC da máquina do avaliador e os dados de tratamento.

CAPÍTULO 2

PESQUISA BIBLIOGRÁFICA

2.1 Trabalhos existentes

Em 1997, A.Z. BRODER apresentou o método shingle para determinar a semelhança e o controlo dos dois arquivos através do processamento da pontuação de comparabilidade. Nessa altura, essa ideia foi ligada a duas frases [1] para verificar a semelhança entre elas. Especificou que a explosão de dados em linha, e especificamente a World Wide Web, conduziu a uma multiplicação de registos que são indistinguíveis ou quase indistinguíveis. Regra geral, é importante descobrir se dois registos são "geralmente os mesmos" ou "geralmente contidos" um no outro. Para tal, é necessário calcular as separações, na maior parte das vezes, através da correlação perspicaz de pares de registos inteiros. De qualquer modo, para uma enorme acumulação de registos, isto não é plausível, sendo fundamental uma componente de exame de cada relatório. Para atacar esta questão, utilizam duas ideias científicas, a semelhança e o controlo, caracterizadas abaixo. Uma subsequência adjacente contida no registo D é conhecida como um shingle. Dado um arquivo D, eles relacionaram o w-shingling como o pacote (multiset) de todos os shingles de tamanho w contidos em D. Assim, no caso em questão, o 4-shingling de

$$(a,rose,is,a,rose,is,a,rose) \text{ é o saco}$$

$$f(a,rose,is,a); (rose,is,a,rose); (is,a,rose,is); (a,rose,is,a) ; (rose,is,a,rose)g:$$

Apresentaram duas abordagens para avançar. A alternativa A guarda mais dados sobre o arquivo; a alternativa B é mais eficiente. Alternativa A. Ao nomear cada componente de um w-shingling com o seu número de evento, obtemos o seu w-shingling nomeado. A opção An consiste em designar S(d;w) como este conjunto. Procedendo à ilustração sobre este conjunto, obteríamos o conjunto

$$f(a,rose,is,a,1); (rose,is,a,rose,1); (is,a,rose,is,1);$$

$$(a,rosa,é,a,2); (rosa,é,a,rosa,2)g:$$

Escolha B. Isto é, tomar S(d;w) como o conjunto de telhas em D. Para a amostra sobre esta é a situação

$$f(a,rose,is,a); (rose,is,a,rose); (is,a,rose,is)g$$

na hipótese remota de terem estabelecido um tamanho de telha e uma das escolhas, a semelhança r de dois relatórios An e B é caracterizada como

$$rw(a;b) = js(a;w) \setminus S(b;w)js(a;w) [S(b;w)j;$$

Além disso, o controlo de An em B é caracterizado como

$$cw(a;b) = js(a;w) \setminus S(b;w)js(a;w)j ;$$

Subsequentemente, a semelhança é um número qualquer algures entre 0 e 1, e r(a;a) = 1, ou seja, A assemelha-se a si próprio a 100%, para qualquer tamanho. Essencialmente, o controlo é um número qualquer algures entre 0 e 1 e, se A for uma subsequência tocante de B, então c(a;b) = 1. Para além de calcular a semelhança e o controlo, trata-se de avaliar a dimensão relativa das convergências dos conjuntos.

Como exemplo, se

$$A = (a,rosa,é,a,rosa,é,a,rosa)$$

além disso

$$B = (uma,rosa,é,uma,flor,que,é,uma,rosa)$$

Nessa altura, na primeira opção, A segue B 70% para a estimativa de telha 1, metade para o tamanho 2, 30% para o tamanho 3, e assim por diante. Na segunda escolha, A assemelha-se a B 60% para o tamanho 1, metade para o tamanho 2, 42,85% para o tamanho 3, e assim por diante. Os seus ensaios demonstraram que a semelhança sólida e a regulação sólida (ou seja, próxima de 1) captam a ideia casual de "totalmente igual" e "totalmente contido". E esta ideia tornou-se útil para descobrir as auditorias de cópia nos locais de comércio eletrónico, registando a pontuação de semelhança de dois inquéritos.

Em 2007, N. Jindal e B. Liu propuseram um Mecanismo de Deteção de Spam de Revisão [2]. Tanto quanto sabemos, este foi o primeiro documento distribuído sobre spam de revisão. No seu trabalho, o exame centrou-se em 5,8 milhões de críticas e 2,14 milhões de críticas criadas a partir da amazon.com. Propuseram-se a efetuar a identificação do spam com base na descoberta de cópias e os passos de classificação incluídos na localização do spam de críticas são os seguintes: no primeiro passo, as críticas de cópias foram concentradas utilizando o sistema shingle. Por exemplo, os diferentes ID de utilizador publicaram uma cópia ou uma cópia aproximada do mesmo artigo ou de artigos diferentes. Os comentários com pontuação de semelhança>0,9 foram considerados comentários de cópia. Nesse ponto, no resto das revisões, a recaída logística foi conectada com foco em torno do agrupamento de 2 classes para caraterizar cada revisão como spam ou não spam.

Em 2008, N. Jindal e B. Liu introduziram um novo método de agrupar as críticas em três classes, por exemplo, tipo1, tipo2, tipo3. O tipo1 é constituído por conclusões falsas, o tipo2 por críticas que falam apenas da marca e o tipo3 por não críticas [3] que incluem inquéritos, respostas, conteúdos arbitrários, etc. Eles montaram um classificador utilizando certos tipos de cópias (semelhantes) de críticas como dados de preparação positivos e o resto como dados de preparação negativos. A sua metodologia utilizou artifícios sobre críticas, revisores e produtos, mas a nomeação manual e a longa recaída logística foram consideradas como limites.

Em 2009, M. thelwall, D. Wilkinson etal. recomendam as descobertas de que o sentimento positivo é exibido em cerca de dois terços dos comentários no Myspace dos EUA e que as mulheres são o seu nexo, no sentido de dar e receber desproporcionadamente muitos. O aumento da utilização feminina de emoções positivas está em consonância com a investigação offline acima analisada, segundo a qual as mulheres tendem a utilizar mais as emoções positivas do que os homens (especialmente em contextos pró-sociais, que não foram testados aqui). Também se enquadra na constatação dos fóruns de discussão na Internet (mas não nos blogues) de que os padrões de emoção de género online reflectem frequentemente os padrões offline. Isto talvez reflicta a teoria disfuncional da repressão emocional dos homens e a teoria da eficácia social para o uso de emoções positivas (pró-sociais) pelas mulheres: as mulheres são simplesmente utilizadores mais competentes do MySpace porque são mais capazes de expressar emoções positivas, provavelmente principalmente num contexto de apoio geral. O facto de os homens incluírem emoções positivas [25] de forma desproporcionada nos comentários a mulheres e não a homens não é explicado pela discussão acima. O facto de os homens incluírem excessivamente sentimentos positivos em comentários dirigidos a senhoras e não a homens não é esclarecido pelo diálogo acima. Não parece provável que uma parte dos comentários de homens a mulheres esteja relacionada com ligações sexuais, uma vez que tal não era evidente na informação. Embora não existam dados estatísticos, a explicação mais provável parece ser o facto de a expressão explícita de apoio social entre homens ter conotações de fraqueza e, por conseguinte, de a expressão de amor em particular estar normalmente ausente dos rituais informais de saudação masculina. Por exemplo, o facto de um homem encerrar uma mensagem dirigida a um outro homem com "carinho, mike" pode ser considerado impensável numa ligação hetero e não familiar em numerosas sociedades ocidentais. Este estudo demonstrou que a emoção é aparentemente a norma nos sítios Web de redes sociais e, por conseguinte, a investigação futura sobre redes sociais deve prestar especial atenção à expressão emocional positiva e ao papel do género nesta matéria. Para além das aplicações comerciais, esta investigação pode, em última análise, permitir obter novos conhecimentos sobre o papel das emoções na comunicação e, eventualmente, fornecer feedback aos utilizadores sobre a adequação das suas estratégias de utilização das emoções. Tanto a idade como o género devem ser tidos em conta ao interpretar os resultados da análise de sentimentos. No entanto, as diferenças nos resultados dos classificadores apontam para a dificuldade de fazer classificações exactas, e a utilização extensiva de gramática e ortografia não normalizadas sugere que a classificação automática também será um desafio com os métodos existentes.

Em 2010, N. Jindal, B. Liu, e E. p. Lim. Trabalharam para Encontrar exemplos surpreendentes de auditoria utilizando padrões imprevistos. Nitin Jindal e Bing Liu lidam com um problema restrito, ou seja, a identificação de padrões de revisão invulgares que podem representar comportamentos suspeitos dos revisores. Formularam o problema como a descoberta de regras inesperadas. A técnica é independente do domínio. Usando a técnica, eles analisaram um conjunto de dados de resenhas da Amazon.com e encontraram muitas regras inesperadas e grupos de regras que indicam atividades de spam [5]. O problema pode ser visto como um problema de classificação com duas classes, spam e não-spam. No entanto, a obtenção de dados de treino através da etiquetagem manual de críticas é muito difícil, uma vez que um spammer pode facilmente criar uma crítica falsa que é igual a qualquer crítica inocente [3]. É utilizado um método de aprendizagem que utiliza críticas duplicadas como dados de treino positivos, mas muitas críticas não duplicadas também podem ser spam. Alguns investigadores também estudam a utilidade das críticas [21, 22], mas o spam de críticas é um conceito diferente. Em [4], um estudo de utilizadores mostra que os comportamentos de avaliação são bons indicadores de spam. Por exemplo, se um avaliador escreveu todos os comentários negativos sobre produtos de uma marca, mas outros avaliadores são geralmente positivos sobre a marca, este avaliador é claramente um suspeito de spam. Para encontrar comportamentos incomuns, a abordagem convencional é escrever um programa heurístico específico da aplicação para encontrar tais comportamentos. No entanto, isso não é desejável. Por isso, propuseram uma estrutura geral para resolver esta classe de problemas, de modo a que o sistema resultante possa também ser aplicado a outros domínios. Este artigo propõe uma abordagem deste tipo e mostra que o problema [5] pode ser formulado como a descoberta de regras/padrões inesperados a partir de dados. Para a sua aplicação, os dados podem ser produzidos da seguinte forma: Cada crítica forma um registo de dados com um conjunto de atributos, por exemplo, reviewerid, brand-id, product-id, e uma classe. A classe representa a opinião do avaliador, positiva, negativa ou neutra, com base na classificação da avaliação. Na maioria dos sítios de avaliação (por exemplo, amazon.com), cada avaliação tem uma classificação entre 1 (mais baixa) e 5 (mais alta) atribuída pelo avaliador. Eles podem atribuir a classificação de 4 e 5 como positiva, 3 como neutra e 1 e 2 como negativa. Uma regra pode ser que um avaliador atribua todas as classificações positivas a uma determinada marca de produtos. A questão é como saber se uma regra representa um comportamento anormal de um avaliador. Para o fazer, é necessário saber o que é esperado. Este documento começa por definir vários tipos de expectativas com base na distribuição natural dos dados. Em seguida, propõe as medidas de imprevisibilidade correspondentes para classificar as regras. Este método é independente do domínio, pois depende apenas dos dados e do tipo de regras, mas não da aplicação. Assim, pode ser aplicado a outros domínios. No seu estudo experimental, relatam um caso de estudo de descoberta de comportamentos suspeitos de revisores com base em revisões da Amazon, que indicam actividades de spam ou, pelo menos, revisores tendenciosos [5, 20].

Em 2010, Ee-Peng Lim, Viet-A Nguyen, Nitin Jindal, Bing Liu , Hady W. Lauw concentraram-se na descoberta de spammers de avaliações que utilizam a conduta de avaliação em vez de avaliações falsas. Identificaram vários comportamentos caraterísticos dos spammers de avaliações e modelaram esses comportamentos de modo a detetar os spammers. Em particular, eles procuram modelar muitos comportamentos. Em primeiro lugar, os remetentes de spam podem visar produtos ou grupos de produtos específicos para maximizar o seu impacto. Em segundo lugar, tendem a desviar-se dos outros avaliadores nas suas classificações dos produtos. Os autores propuseram métodos de pontuação para medir o grau de spam de cada avaliador e aplicaram-nos a um conjunto de dados de avaliações da Amazon. Em seguida, selecionaram um subconjunto de avaliadores altamente suspeitos para um exame mais aprofundado pelos seus avaliadores de utilizadores com a ajuda de um software de avaliação de spammer baseado na Web, especialmente desenvolvido para experiências de avaliação de utilizadores. Os resultados mostraram que os métodos de classificação e supervisionados propostos são eficazes na deteção de autores de spam e superam outros métodos de base baseados apenas em votos de utilidade. Por último, mostram que os autores de spam detectados têm um impacto mais significativo nas classificações do que os avaliadores que não ajudam. A deteção de spam nas avaliações é uma tarefa difícil, uma vez que ninguém sabe exatamente a quantidade de spam existente. Devido à abertura dos sítios de avaliação de produtos, os autores de spam podem fazer-se passar por diferentes utilizadores (o que se designa por "sockpuppeting"), contribuindo com avaliações com spam, o que torna mais difícil erradicá-las completamente. As resenhas de spam geralmente parecem perfeitamente normais até serem comparadas com outras resenhas dos mesmos produtos para identificar comentários de resenhas não consistentes com estas últimas. O esforço de comparações adicionais por parte dos utilizadores torna a tarefa de deteção fastidiosa e não trivial. Uma abordagem adoptada por sítios de críticas como a Amazon.com consiste em permitir que os utilizadores classifiquem ou votem as críticas como úteis ou não. Infelizmente, isto continua a exigir o esforço do utilizador e está sujeito a abusos por parte dos autores de spam. A abordagem mais avançada para a deteção de spam de críticas consiste em tratar as críticas como o alvo da deteção [4]. Esta abordagem representa uma avaliação através de caraterísticas ao nível da avaliação, do avaliador e do produto, e treina um classificador para distinguir as avaliações spam das não spam. No entanto, estas caraterísticas podem não fornecer provas diretas contra as críticas com spam. Segundo eles, quanto mais comportamentos de spam forem detectados num avaliador, maior é a probabilidade de o avaliador ser um remetente de spam. Subsequentemente, as avaliações deste avaliador podem ser removidas para proteger os interesses de outros utilizadores de avaliações. Neste documento, os autores abordaram o problema da deteção de revisores que enviam spam, ou seja, a descoberta de utilizadores que são a fonte de revisões com spam. Ao contrário das abordagens para a deteção de *críticas* com spam, a abordagem proposta para a deteção de críticas com spam é centrada *no utilizador* e *orientada para o seu comportamento*. A abordagem centrada no utilizador é preferível à abordagem centrada na análise, uma vez que a recolha de provas comportamentais dos autores de spam é mais fácil do que a das análises de spam. Uma avaliação envolve apenas um avaliador e um produto. A quantidade de provas é limitada. Um revisor, por outro lado, pode ter analisado vários produtos e, por conseguinte, ter contribuído com uma série de análises. A probabilidade de encontrar provas contra os autores de spam será muito maior. A abordagem centrada no utilizador também é escalável, uma vez que é sempre possível incorporar novos comportamentos de spam à medida que vão surgindo. Os principais elementos constitutivos da etapa de deteção do comportamento de spam são os modelos de comportamento de spam baseados em diferentes padrões de avaliação que sugerem spam. Cada modelo atribui uma pontuação numérica de comportamento de spam a cada revisor, medindo o grau em que o revisor pratica um comportamento de spam de um determinado tipo. Neste documento, basearam-se principalmente em padrões de conteúdo de críticas e classificações para definir quatro modelos diferentes de comportamento de spam, ou seja, (a) *produto-alvo* (TP); (b) *grupo-alvo* (TG); (c) *desvio geral da classificação* (GD); e (b) *desvio precoce da classificação* (ED). Para atribuir uma pontuação numérica global de spam a cada utilizador, combinaram as pontuações de spam dos diferentes comportamentos de spam do utilizador utilizando uma combinação linear ponderada. Os pesos dos diferentes componentes das pontuações de spam podem ser definidos empiricamente ou aprendidos automaticamente. Os modelos de comportamento propostos evitam a compreensão profunda do texto de revisão natural e a extração de opiniões, principalmente para evitar custos computacionais elevados e problemas de desempenho devidos a uma análise de texto imprecisa. Se a análise de texto for suficientemente exacta para extrair opiniões do texto das críticas, os modelos de comportamento de spam podem ser alargados de modo a considerar o conteúdo das críticas. No entanto, a análise do conteúdo pode ser computacionalmente dispendiosa, pelo que esta questão será deixada para investigação futura. Este documento propôs uma abordagem comportamental para detetar spammers de críticas que tentam manipular as classificações das críticas de alguns produtos ou grupos de produtos-alvo. Derivaram um método de pontuação de comportamento agregado para classificar os avaliadores de acordo com o grau em que demonstram comportamentos de spam. Para as medidas de avaliação, realizaram uma avaliação do utilizador num conjunto de dados da Amazon que contém críticas de produtos manufacturados. Descobriram que os métodos propostos superam geralmente o método de base baseado em votos de utilidade. Além disso, [4] aprendem um modelo de regressão a partir dos autores de spam marcados pelos utilizadores e aplicam o modelo aprendido para classificar os avaliadores. É demonstrado que, ao remover os avaliadores com pontuações de spam muito elevadas, os produtos e grupos de produtos com muito spam, de acordo com a sua abordagem, sofrerão alterações mais significativas na classificação agregada e no número de avaliadores, em comparação com a remoção de avaliadores com pontuações aleatórias ou inúteis. Como parte do seu trabalho futuro, afirmaram que podem incorporar a deteção de spammers de avaliações na deteção de avaliações e vice-versa. Explorar formas de aprender padrões de comportamento relacionados com o spamming de modo a melhorar a precisão do modelo de regressão atual é também uma direção de investigação interessante.

Em 2011, A. Mukherjee, B. Liu, J. Wang, N. Glance e N. Jindal centraram-se no spam em grupo. Os autores afirmaram no seu artigo que *o grupo* de spammers se refere a um grupo de revisores que trabalha em conjunto escrevendo revisões falsas para promover ou rebaixar um conjunto de produtos-alvo. Os grupos de spammers são muito prejudiciais devido à sua dimensão. Quando um grupo trabalha em colaboração com um produto, pode assumir o controlo do sentimento em relação a esse produto. Este documento propõe um método para detetar esses grupos, que consiste na extração de padrões para encontrar grupos candidatos, avaliando-os utilizando critérios que indicam comportamentos atípicos dos grupos e, finalmente, classificando os grupos candidatos. O teste centrou-se num enorme conjunto de comentadores da Amazon e nas suas auditorias. O estudo do cliente demonstra que a estratégia proposta é excecionalmente bem sucedida. A técnica proposta [7] afirmava que se um grupo de avaliadores trabalhasse em conjunto apenas uma vez para promover ou despromover um único produto, poderia ser difícil detectá-los. No entanto, os falsos avaliadores (especialmente os que são pagos para escrever) não podem estar a escrever apenas uma avaliação para um único produto, porque não ganhariam dinheiro suficiente dessa forma. Em vez disso, trabalham com muitos produtos, ou seja, escrevem críticas para muitos produtos, o que infelizmente os denuncia. A extração de padrões frequentes pode ser utilizada para os encontrar a trabalhar em conjunto em vários produtos. O método proposto funciona em três etapas:

Passo 1 - Extração de padrões frequentes para encontrar grupos de candidatos:
Nesta etapa, extraem os dados das avaliações para produzir um conjunto de transacções. Cada transação representa um produto único e é constituída por todos os avaliadores (os seus IDs) que avaliaram esse produto. Utilizando todas as transacções, podem realizar a extração de exemplos regulares [23]. Os padrões resultantes (também chamados conjuntos de itens frequentes) são grupos de candidatos a spammers.

Etapa 2 - Cálculo dos valores do indicador de spam:
Muitos dos grupos candidatos podem não ser verdadeiros grupos de spammers. Esta etapa tenta avaliá-los com base num conjunto de comportamentos invulgares para descobrir se estes grupos se comportam de forma estranha [7]:

- **Janela de tempo (TW):**
  Os revisores de uma reunião de spammers são susceptíveis de cooperar para publicar auditorias falsas para um item alvo num breve intervalo de tempo.
- **Desvio de Grupo (GD)**
  Quando partes de uma reunião cooperam para enviar spam, na maior parte das vezes dão avaliações altas ou baixas aos itens. Os mesmos itens [7] são normalmente investigados por outros comentadores honestos (não spam). Os spammers, na sua maioria, desviam-se nas suas avaliações por uma soma notável das avaliações gerais de auditoria que o item recebe de diferentes comentadores. Desta forma, quanto maior for o desvio, mais lamentável é o encontro.
- **Recolha de semelhanças de conteúdo (GCS)**
  Os autores de spam em grupo podem até conhecer-se uns aos outros e duplicar inquéritos entre si.

Neste sentido, os artigos que são vítimas deste tipo de spam em grupo podem ter numerosas auditorias com substância comparativa.

- **Similaridade de conteúdo parcial (MCS)**
  As partes de uma reunião podem não se conhecer. Cada um deles limita-se a duplicar ou alterar os seus próprios inquéritos anteriores. Se houver a possibilidade de várias partes da reunião fazerem isto, a reunião tem mais tendência para ser um grupo de spammers.
- **Período de tempo inicial (ETF)**
  Um movimento de spam de grupo prejudicial é atacar diretamente depois de um item ser enviado ou tornado acessível para avaliação. O objetivo é ter um efeito enorme e assumir o controlo da conclusão sobre o item.
- **Grau de dimensão do grupo (RGS)**
  A proporção do tamanho da reunião e o número agregado de analistas para o item é igualmente um marcador decente de spamming. Numa grande (a possibilidade mais prejudicial), as partes da reunião são os principais comentadores do item, o que é excecionalmente prejudicial.
- **Tamanho do agrupamento (GS)**
  O tamanho da reunião em si também diz algo verdadeiramente fascinante. Na hipótese de uma reunião ser extensa, a probabilidade de ocorrência de partes na reunião por acaso é pequena. Além disso, quanto maior a reunião, adicionalmente aniquilador é o seu impacto.
- **Contagem de apoio (SC)**
  O número de ajudas é a quantidade de objectos para os quais a reunião contribuiu em conjunto. No caso de uma reunião ter uma contagem de ajuda elevada, é claramente perturbador.

Passo 2 - Classificação utilizando SVM Rank

Esta etapa classifica os grupos de candidatos descobertos com base na probabilidade de serem verdadeiros grupos de spammers, utilizando os indicadores ou caraterísticas acima referidos. Há duas opções. Em primeiro lugar, é possível conceber uma fórmula personalizada para combinar os valores das caraterísticas/indicadores. Para isso, é necessário um grande número de tentativas e erros [7].

A segunda abordagem consiste em utilizar a descoberta de como classificar. Isto obriga a utilizar ilustrações fisicamente posicionadas como informação de preparação. Adoptaram a segunda abordagem e utilizaram a classificação SVM [24] para executar a tarefa de posicionamento. Para as medidas de avaliação, utilizaram a extração de exemplos contínuos e o posicionamento & A afirmação do utilizador surge no seu artigo, que propôs uma estratégia poderosa para localizar grupos de spammers que cooperam para compor auditorias falsas [7]. O seu estudo sobre a afirmação do cliente demonstrou que o sistema é encorajador.

Em 2011, G. Wang, S. Xie, B. Liu, P. S. Yu analisaram os esforços anteriores para a descoberta de spammers e observaram que os trabalhos existentes utilizavam o comportamento dos avaliadores, a semelhança do texto, caraterísticas linguísticas e padrões de classificação. Esses estudos são capazes de identificar certos tipos de spammers, por exemplo, aqueles que publicam muitas críticas semelhantes sobre uma entidade-alvo. No entanto, na realidade, existem outros tipos de spammers que podem manipular os seus comportamentos para agirem como avaliadores genuínos e, por isso, não podem ser detectados pelas técnicas disponíveis. Neste documento, propõem um novo conceito de gráfico de críticas heterogéneo para captar as relações entre os críticos, as críticas e as lojas que os críticos analisaram. Exploram a forma como as interações entre os nós deste gráfico podem revelar a causa do spam [9] e propõem um modelo iterativo para identificar os avaliadores suspeitos. É a primeira vez que se identificam relações tão complexas para a deteção de spam de críticas. Desenvolvem também um método de cálculo eficaz para quantificar a confiança dos avaliadores, a honestidade das avaliações e a fiabilidade das lojas. Ao contrário das abordagens existentes, não utilizam informações sobre o texto das críticas. O seu modelo é, portanto, complementar às abordagens existentes e capaz de encontrar actividades de spamming mais difíceis e subtis, que são acordadas por juízes humanos depois de avaliarem os seus resultados. Neste trabalho, estão ocupados com inquéritos a lojas. Apesar do facto [9] de poderem obter algumas ideias a partir de estudos anteriores, as suas insinuações não são suficientes para identificar os autores de spam de auditoria de lojas. Por exemplo, embora pareça suspeito que uma pessoa publique várias avaliações para o mesmo produto, pode ser normal que uma pessoa publique mais do que uma avaliação para a mesma loja devido a múltiplas experiências de compra. Além disso, uma vez que uma pessoa tem o mesmo estilo de escrita na redação de críticas, pode ser normal que um crítico escreva críticas semelhantes para várias lojas porque, ao contrário de produtos diferentes, lojas diferentes fornecem basicamente os mesmos tipos de serviços. Além disso, muitos utilizadores comuns só escrevem críticas esporadicamente. É sensato que escrevam vários inquéritos num curto espaço de tempo sobre diversas experiências de compra. Neste sentido, as práticas de comentário [9] propostas nas metodologias actuais para auditorias de itens são deficientes para apanhar spammers de inquéritos de lojas. Assim, houve a necessidade de procurar uma estrutura mais refinada e correlativa. Por outro lado, as dificuldades que a acompanham são verdadeiros dissuasores de um tal sistema.

- Não existe uma verdade absoluta sobre se um inquérito é falso ou não. Normalmente, só com a leitura da mensagem do inquérito, não há informação suficiente para distinguir o spam do não-spam.
- As práticas dos autores de spam podem ser difíceis de detetar. Por exemplo, para enganar efetivamente os clientes, os autores de spam podem fazer com que os seus estilos de trabalho escrito e as suas propensões para inquéritos pareçam fundamentalmente iguais aos dos analistas de boa-fé
- Os autores de spam podem igualmente redigir auditorias excelentes e legítimas, uma vez que podem ser clientes genuínos de algumas lojas em linha de vez em quando. Além disso, um verdadeiro analista atual pode ter sido um spammer recentemente, e eles não sabem quando um comentador compõe uma auditoria de spam [9]. Estes obstáculos são as dificuldades centrais que, segundo eles, tornam inadequadas as heurísticas comportamentais básicas. Para reconhecer spammers complexos, eles têm que considerar mais informações.

A sua primeira contribuição consiste em propor um modelo de grafo heterogéneo com três tipos de nós para captar indícios de spam. Acreditam que as pistas para saber se um avaliador é inocente incluem as avaliações do avaliador, todas as lojas que ele comentou e as avaliações de outros avaliadores que têm experiências de compra nas mesmas lojas. Assim, propõem um novo grafo heterogéneo, designado por
para captar as relações entre avaliadores, avaliações e lojas. Estes são três tipos de nós no grafo de avaliações. Um nó de avaliador tem uma ligação a uma avaliação se foi ele que a escreveu. Um nó de avaliação tem uma aresta para um nó de loja se for sobre essa loja. Uma loja está ligada a um avaliador através da avaliação desse avaliador sobre a loja. Cada nó está também associado a um conjunto de caraterísticas. Por exemplo, um nó de loja tem caraterísticas sobre a sua classificação média, o seu número de críticas, etc. A sua segunda contribuição é a introdução de três conceitos fundamentais, ou seja, a *confiança* dos avaliadores, a *honestidade* das avaliações e a *fiabilidade* das lojas, e a identificação das suas inter-relações: um avaliador é mais fiável se tiver escrito mais avaliações honestas, uma loja é mais fiável se tiver mais avaliações positivas de avaliadores fiáveis e uma avaliação é mais honesta se for apoiada por muitas outras avaliações honestas. Além disso, se a honestidade de uma avaliação diminui, isso afecta a confiança do avaliador, o que tem um impacto na loja que ele avalia. E dependendo de como a opinião deste avaliador varia com as opiniões de outros avaliadores sobre a mesma loja, a confiança de outros avaliadores pode mudar. Estas relações entrelaçadas são reveladas a partir do gráfico de avaliações. A sua terceira contribuição é o desenvolvimento de um método iterativo para calcular os três conceitos com base no modelo gráfico. Partindo dos sentidos comuns que estão exclusivamente relacionados com o sistema de avaliação de lojas e os seus cenários de spam, derivam a forma como um conceito afecta o outro. Este artigo propôs um novo modelo de diagrama de inquérito e um sistema iterativo que utiliza os impactos entre comentadores, auditorias e lojas para localizar os autores de spam. A estratégia demonstrou como os dados no diagrama de pesquisa mostram as razões para o spamming e descobrem peças imperativas de informação de diversos [9] tipos de spammers. Os resultados dos testes demonstram que o sistema proposto consegue distinguir exercícios despretensiosos de spamming com grande exatidão e compreensão por parte do avaliador humano.

      Em 2011[8], o artigo aventura estratégias de aprendizagem automática para distinguir o spam de inquéritos. Li, Fangtao, M. Huang, Y. Yang e X. Zhu criam manualmente uma coleção de spam a partir das suas análises rastreadas. Começam por analisar o efeito de várias caraterísticas na identificação de spam. Também observam que o spammer de críticas escreve spam de forma consistente. Isto dá-nos outra perspetiva para identificar o spam de críticas: podem identificar se o autor da crítica é um spammer. Com base nesta observação, apresentam um método semissupervisionado de dois pontos de vista, a co-formação, para explorar a grande quantidade de dados não rotulados. Os resultados das experiências mostram que o método proposto é eficaz. Os seus métodos de aprendizagem automática concebidos alcançam melhorias significativas em comparação com as linhas de base heurísticas. Neste artigo [9], os autores concentram-se na avaliação do spam no âmbito da sua estrutura de extração de inquéritos sobre itens. No seu sítio de auditoria, alguns indivíduos, designados por spammer, podem compor inquéritos falsos, designados por survey spam, para promover os seus artigos e/ou difamar os artigos dos seus rivais. É necessário distinguir e canalizar o spam de auditoria para fornecer administrações de inquérito genuínas e fiáveis. As técnicas anteriores utilizam apenas algumas pistas heurísticas: algumas utilizam a votação de acomodação, que é a avaliação de apoio de outros indivíduos no inquérito publicado; outras utilizam princípios de desvio de classificação, o que implica que, se a classificação de auditoria diferir muito da avaliação normal do item, este inquérito pode ser considerado como spam. Neste artigo, eles se aventuram em técnicas de aprendizado de máquina para reconhecer spam de auditoria. Primeiro retratam [9] o impacto de artifícios distintivos na estrutura de aprendizagem regulada. Uma vez que a anotação é repetitiva, a quantidade de auditorias esclarecidas é reduzida. De igual modo, delineia uma estratégia semidirigida para utilizar o vasto número de inquéritos não rotulados. Verificam que o spammer de auditoria compõe spam de forma fiável. Isto dá-nos uma perspetiva alternativa para distinguir o spam de auditoria: eles podem reconhecer se o criador do inquérito é um spammer. À luz desta perceção, a estratégia de duas perspectivas, o cálculo de co-preparação, é utilizada como o seu sistema semi-administrado. Os resultados da investigação demonstram que a estratégia proposta é convincente. Os seus sistemas de aprendizagem automática planeados realizam mudanças notáveis do que as linhas de base heurísticas. Apresentam a sua estrutura de extração de auditoria de itens, que pretende ajudar os compradores a extrair eficazmente os dados necessários a partir de uma extensa medida de inquéritos. Primeiro, recolhem as páginas de análise do sítio de análise e, em seguida, analisam essas páginas html com várias expressões regulares para extrair as partes de texto relevantes para a análise. Antes do módulo de análise de críticas, é necessário identificar e filtrar as críticas falsas, chamadas de spam de críticas, para fornecer ao consumidor críticas reais e fiáveis. O analisador de críticas prevê principalmente o sentimento geral e extrai o tópico e as palavras de opinião para cada crítica. De seguida, indexam todas as críticas analisadas [9] no indexador.

Apresentam algumas aplicações. Inicialmente, o comprador pode concentrar-se no seu artigo com aspeto de artigo. Com o requisito do cliente, a estrutura também pode prescrever itens focados em torno das auditorias de itens. Depois de se concentrar no item, a estrutura [9] leva o cliente para as páginas do item. Esta página apresenta o resumo dos inquéritos a este item centrado no tema da auditoria e na extração de conclusões. Uma vez que a quantidade de inquéritos pode ser enorme, em particular para os itens proeminentes, é fornecido adicionalmente o módulo de procura de inquéritos. O comprador pode procurar os inquéritos com perguntas de opinião, por exemplo, "suposições positivas sobre a bateria" para uma câmara. Além disso, fornecem um módulo de exame de artigos. O comprador pode aproximar-se dos itens gerais e das caraterísticas dos itens focados nas auditorias publicadas. A prova reconhecível de spam de pesquisa é uma parte imperativa em sua estrutura. Eles têm que fornecer resultados de mineração de pesquisa genuínos e confiáveis. No caso de a sua recolha de auditorias conter numerosas auditorias falsificadas, o cliente pode ser enganado e nunca acreditar nas administrações. Neste documento, apresentam o seu segmento de prova reconhecível de spam de auditoria centrado em cálculos de aprendizagem automática. Neste documento, eles contemplam a atribuição de ID de spam de pesquisa em sua estrutura de mineração de auditoria de itens. Constroem fisicamente uma recolha de spam de auditoria centrada nos seus [9] inquéritos deslizantes. Primeiro, utilizam estratégias de aprendizagem administradas e dissecam o impacto de diversos artifícios na identificação de spam de auditoria. De igual modo, verificam que o spammer compõe spam de forma fiável. Isto dá-nos uma perspetiva alternativa para reconhecer o spam de inquéritos: eles podem distinguir se o criador da auditoria é um spammer. Tendo em conta a perceção, dão rotinas semi-dirigidas de duas perspectivas para aventurar a medida substancial de informação não rotulada. Os resultados dos ensaios demonstram que os cálculos de co-preparação de duas perspectivas podem atingir resultados preferenciais em relação aos cálculos de perspetiva única. Os seus sistemas de aprendizagem automática planeados realizam melhorias notáveis em comparação com as linhas de base heurísticas. Em trabalhos futuros, pretendem desenvolver o cálculo probabilístico de duas perspectivas, por exemplo, o Co-EM, para modelar [9] a instabilidade no empreendimento de prova de distinção de spam de pesquisa.

Em 2012, o artigo estuda a deteção de spam no contexto colaborativo, ou seja, para descobrir grupos de revisores falsos. O método proposto utiliza primeiro um método de extração de conjuntos de itens frequentes para encontrar um conjunto de grupos candidatos. Em seguida, utiliza vários modelos comportamentais derivados do fenómeno de conluio entre avaliadores falsos e modelos de relação baseados nas relações entre grupos, avaliadores individuais e produtos que avaliaram para detetar grupos de avaliadores falsos. Além disso, também criaram um conjunto de dados rotulados de grupos de avaliadores falsos. Embora a etiquetagem de críticas e avaliadores individuais falsos seja muito difícil, para sua surpresa, a etiquetagem de grupos de avaliadores falsos é muito mais fácil. Também referem que a técnica proposta se afasta da abordagem tradicional de aprendizagem supervisionada [11] para a deteção de spam devido à natureza inerente do problema, que torna a abordagem clássica de aprendizagem supervisionada menos eficaz. Os resultados experimentais mostram que o método proposto tem um desempenho superior ao de várias linhas de base fortes, incluindo o método supervisionado topo de gama Este artigo propõe a deteção de grupos de spammers em análises de produtos. O método proposto começou por utilizar a extração de conjuntos de itens frequentes para encontrar um conjunto de grupos candidatos, a partir do qual foi produzido um conjunto rotulado de grupos de spammers. Descobriram que, embora seja difícil etiquetar críticas ou avaliadores falsos individuais, a etiquetagem de grupos é consideravelmente mais fácil. Em seguida, propuseram várias caraterísticas de comportamento derivadas do conluio entre revisores falsos. Foi apresentado um novo modelo baseado em relações, denominado GSRank, que pode considerar as relações entre grupos, avaliadores individuais e produtos que avaliaram para detetar grupos de spammers. Este modelo é muito diferente da abordagem tradicional de aprendizagem supervisionada para a deteção de spam. Os resultados experimentais mostraram que o GSRank superou significativamente a classificação supervisionada, a regressão e a aprendizagem de algoritmos de classificação do estado da arte.

Em 2013, A. Mukherjee etal propôs um novo ângulo para o problema, modelando *a espamicidade* como latente. É proposto um modelo não supervisionado, denominado Author Spamicity Model (ASM). Ele funciona no cenário bayesiano, o que facilita a modelagem da espamicidade dos autores como latente e nos permite explorar várias pegadas comportamentais observadas dos revisores. A intuição é que os autores de spam de opinião têm distribuições comportamentais diferentes das dos não spammers. Isto cria uma divergência de distribuição entre as distribuições da população latente de dois grupos: spammers e não spammers. A inferência do modelo resulta na aprendizagem das distribuições populacionais dos dois grupos. São também consideradas várias extensões do ASM, tirando partido de diferentes priors. As experiências com um conjunto de dados reais de análises da Amazon demonstram a eficácia dos modelos propostos, que superam significativamente os concorrentes mais avançados. Este artigo propõe uma técnica nova e baseada em princípios para modelar e detetar spam de opinião num quadro Bayesiano. Ultrapassa as limitações existentes acima referidas e apresenta um método não supervisionado de deteção de spam de opinião. Adoptam uma abordagem totalmente Bayesiana e formulam a deteção de spam de opinião como um problema de agrupamento. O cenário Bayesiano permite-nos modelar *a espamicidade* dos revisores como latente com outras caraterísticas comportamentais observadas no seu Author Spamicity Model (ASM). A espamicidade significa aqui o nível de spamming. A inspiração chave depende da teoria que supõe que os autores de spam variam dos outros nas medidas comportamentais [13]. Isto faz com que exista uma separação entre as disseminações populacionais de dois grupos que ocorrem regularmente: spammers e não-spammers. A indução em ASM consiste em tomar em consideração as dispersões de dois grupos (ou classes) em torno de um conjunto de artifícios comportamentais. Além disso, são propostos diferentes aumentos da ASM, utilizando incorretamente antecedentes distintos.

Em resumo, este documento apresenta as seguintes contribuições:

- Propõe uma técnica inovadora e baseada em princípios para tentar observar pegadas comportamentais observadas para detetar spammers (revisores falsos) numa estrutura Bayesiana não supervisionada, excluindo a necessidade de quaisquer nomes manuais para perceber o que é difícil [13] e turbulento. Uma das principais preferências da utilização da indução Bayesiana é que o modelo permite a caraterização de diferentes exercícios de spam utilizando variáveis ociosas avaliadas e a retaguarda. Incentiva tanto a identificação como a investigação num único sistema, proporcionando uma compreensão profunda da conclusão do problema do spam. Isto não é possível utilizando os sistemas existentes. Tanto quanto se sabe, este é o primeiro modelo baseado em princípios para resolver este problema.
- Propõe um novo sistema para avaliar os resultados sem utilizar qualquer informação marcada. Este sistema utiliza auditorias dos criadores posicionados no topo e na base criados pelo modelo como duas classes de informação para fabricar um classificador administrado. O pensamento chave é que o arranjo utiliza um conjunto completamente distinto de artifícios do que aqueles utilizados como parte da exibição. Consequentemente, se este classificador conseguir agrupar com precisão, dá uma certeza decente de que o modelo de cidade de spam não supervisionado é viável [13].
- Realiza um conjunto exaustivo de experiências para avaliar o modelo proposto com base no método de avaliação da classificação acima referido e também na opinião de peritos humanos. Compara-o também com um conjunto de técnicas de base fortes. Os resultados mostram que os modelos propostos superam significativamente os modelos de base [13].

Este artigo propõe um método novo e baseado em princípios para explorar comportamentos de revisão observados para detetar spammers de opinião (revisores falsos) numa estrutura de inferência Bayesiana não supervisionada. Tanto quanto sabemos, esta é a primeira tentativa deste género. Os métodos existentes baseiam-se sobretudo em heurísticas e/ou etiquetas ad-hoc para a deteção de spam de opinião. O modelo proposto baseia-se nos fundamentos teóricos do agrupamento baseado em modelos probabilísticos. O quadro bayesiano facilita a caraterização de muitos fenómenos comportamentais dos autores de spam de opinião utilizando as distribuições populacionais latentes estimadas. Permite também a deteção e a análise da densidade posterior num único quadro. Isto não pode ser feito por nenhum dos métodos existentes. O documento também propõe uma nova forma de avaliar os resultados dos modelos não supervisionados de spam de opinião utilizando a classificação supervisionada sem a necessidade de quaisquer dados marcados manualmente. Por último, foi efectuado um conjunto exaustivo de experiências baseadas na avaliação da classificação automática proposta e na avaliação por peritos humanos [13] para avaliar o modelo proposto. Os resultados de ambas as métricas de avaliação mostram que o modelo proposto é eficaz e tem um desempenho superior ao de concorrentes fortes.

Em 2013, os investigadores pretendiam estudar até que ponto as estratégias de análise actuais funcionam na localização de críticas falsas genuínas num site de negócios em linha. Escolheram o Yelp.com por ser um sítio Web de inquéritos em linha de escala extraordinariamente extensa que canaliza [16] inquéritos falsos ou suspeitos. Por outro lado, o seu cálculo de separação é uma fórmula premiada. Neste estudo, tentam coisas diferentes com as críticas não filtradas do Yelp para descobrir o que o canal do Yelp pode estar a fazer. Note-se que, de forma alguma, eles afirmam que a separação de inquéritos falsos do Yelp é óptima. Por outro lado, o Yelp é um site de facilitação de auditoria de negócios que tem realizado a separação de escala mecânica desde 2005 para evacuar pesquisas suspeitas ou falsas [26]. O seu centro é estudar o Yelp utilizando os seus inquéritos peneirados e adivinhar a sua qualidade de separação de inquéritos e o que o seu canal de críticas pode estar a fazer.

A sua fase inicial é o trabalho de que é uma condição de trabalho, uma vez que relatou uma exatidão de 90%. utilizou o Amazon Mechanical Turk [16] para reunir trabalhadores online não reconhecidos (chamados Turkers) para compor auditorias falsas de pousadas (pagando $1 por cada auditoria) para descrever alguns alojamentos de forma positiva. 400 inquéritos positivos falsos foram feitos utilizando a AMT em 20 pousadas tradicionais de Chicago. 400 pesquisas positivas do Tripadvisor.com sobre as mesmas 20 pousadas de Chicago foram utilizadas como auditorias não falsas. Registaram uma precisão de 89,6% utilizando apenas caraterísticas de bigramas de palavras. Feng et al. [28] aumentaram a precisão para 91,2% utilizando caraterísticas profundas da estrutura da língua. Estes resultados são muito encorajadores, uma vez que obtiveram uma elevada precisão utilizando apenas artifícios fonéticos. Consequentemente, tentaram inicialmente a metodologia etimológica baseada em n-gramas para ordenar pesquisas separadas e não filtradas do Yelp. Aplicando as mesmas caraterísticas de n-gramas e a mesma técnica de aprendizagem regulada que nas informações do Yelp, obtiveram uma exatidão de 67,8%, que é essencialmente inferior aos 89,6% investigados nas informações da AMT. A precisão fundamentalmente inferior na informação do Yelp pode dever-se a duas razões: (1) as marcas falsas e não falsas indicadas pelo canal do Yelp são excecionalmente altas; (2) existem alguns contrastes fundamentais entre a informação do Yelp e a informação da AMT que são responsáveis pela enorme distinção na exatidão. Para explorar a verdadeira causa, propõem uma investigação teórica de dados baseada em princípios. A sua investigação demonstra que, para as informações da AMT, as apropriações de expressões em auditorias falsas compostas por Turkers não são verdadeiramente as mesmas que as circulações de palavras em inquéritos não falsos do Tripadvisor. Isto esclarece a razão pela qual distinguir as auditorias falsas de crowdsourcing na informação AMT de [27] é simples, produzindo uma exatidão de localização de 89,6%.

No entanto, na informação do Yelp, descobriram que os analistas suspeitos (spammers), de acordo com o canal do Yelp, utilizavam um dialeto muito semelhante como parte dos seus inquéritos (falsos) e de outras auditorias não falsas (não filtradas). Isso fez com que as pesquisas falsas (separadas) e não falsas (não filtradas) do Yelp fossem foneticamente comparativas [27], o que esclarece por que a localização de pesquisas falsas utilizando n-gramas nas informações do Yelp é muito mais difícil. Uma razão concebível pode ser o facto de os remetentes de spam, de acordo com o canal do Yelp, se esforçarem por fazer com que os seus inquéritos (falsos) pareçam persuasivos como outras auditorias não falsas. Por outro lado, os remetentes de spam nas informações do Yelp abandonaram algumas impressões psicolinguísticas específicas em forma de pé que revelam desvios. Estas foram absolutamente encontradas pelo seu exame teórico de dados.

A ineficácia da fonética na descoberta de inquéritos falsos peneirados pelo Yelp levou-nos a estudar as práticas dos analistas no Yelp. O seu exame comportamental mostra uma diferença distributiva estampada entre as práticas de pesquisa dos spammers (criadores de auditorias selecionadas) e dos não-spammers (outros). Isto levou-nos a inspecionar a adequação das práticas na identificação das auditorias falsas (peneiradas) do Yelp. Incrivelmente, eles descobriram que as práticas são profundamente poderosas para identificar auditorias falsas peneiradas pelo Yelp. Mais importante ainda, os truques comportamentais superam fundamentalmente os n-gramas etimológicos na execução da descoberta. Por fim, utilizando os efeitos posteriores do seu estudo experimental, eles adivinham algumas afirmações sobre a natureza da peneiração do Yelp e propõem o que o canal de inquérito falso do Yelp pode estar a fazer. Condensam os seus principais resultados abaixo:

- Descobriram que, na informação AMT, as apropriações de palavras de inquéritos falsos e não falsos são completamente diferentes, o que explica a elevada (90%) exatidão da descoberta utilizando n-gramas. Em todo o caso, para a informação do Yelp, as circulações de palavras em inquéritos falsos e não falsos são verdadeiramente comparativas, o que esclarece por que razão a estratégia em [27] é menos poderosa na informação genuína do Yelp.
- O ponto acima demonstra que a abordagem de ordem baseada na peculiaridade semântica do n-grama

em [27] não parece ser a metodologia (principal) utilizada pelo Yelp.
* A utilização de práticas anómalas permite uma exatidão respeitável de 86% [27] no reconhecimento de auditorias falsas (peneiradas) do Yelp, demonstrando que os resultados de localização baseados em práticas irregulares estão excecionalmente relacionados com a separação do Yelp.
* Estes resultados permitem-nos propor que o Yelp pode estar a utilizar artifícios comportamentais para educar a sua seleção.

Apresentarão os exames ponto a ponto nas áreas seguintes. Aceitam que este estudo será valioso tanto para o mundo académico como para a indústria, além disso [27], para outros destinos de auditoria nos seus esforços de filtragem de inquéritos falsos. Antes de avançarem, começam por auditar a escrita pertinente que se encontra por baixo. Este artigo realizou um exame de cima para baixo da natureza das auditorias falsas no ambiente de negócios do Yelp.com. O seu estudo demonstra que, embora as técnicas semânticas em [27, 28] tenham relatado uma precisão de descoberta elevada (90%) em inquéritos falsos de origem colectiva, os artifícios fonéticos não funcionam admiravelmente em auditorias falsas genuínas no contexto empresarial do Yelp.com. As peculiaridades comportamentais produziram uma exatidão respeitável de 86%, mostrando que o canal do Yelp pode estar a utilizar uma metodologia baseada no comportamento. Por fim, as consequências do seu estudo exploratório também mostraram, por assim dizer, que a separação do Yelp é fiável. Em última análise, demonstraram que a localização de inquéritos falsos utilizando artifícios semânticos (n-gramas, POS, etc.) não é assim tão bem sucedida no cenário genuíno, e as auditorias falsas de origem colectiva podem não ser ilustrativas de inquéritos falsos genuínos. Para o melhor de sua perceção, este é o primeiro trabalho que explora a forma de auditorias falsas genuínas peneiradas por um site de negócios e é, no entanto, um esforço inicial para um concurso de armas de aumento para combater o mau uso da Web 2.0.

Em 2013, os criadores adoptaram uma metodologia alternativa, que utiliza indevidamente a natureza explosiva dos inquéritos para reconhecer os spammers de inquéritos [14]. As explosões de inquéritos podem dever-se à fama súbita de itens ou a ataques de spam. Os comentadores e as auditorias que aparecem numa explosão estão frequentemente relacionados, uma vez que os remetentes de spam têm tendência para trabalhar com diferentes remetentes de spam e os verdadeiros analistas têm tendência para aparecer juntamente com outros comentadores certificados. Isto permite-nos montar um sistema de comentadores que aparecem em diversas explosões. Em seguida, modelam os analistas e os seus co-eventos em blasts como um campo aleatório de Markov (MRF) e utilizam o sistema Loopy Belief Propagation (LBP) para determinar se um analista é ou não um spammer no gráfico. Além disso, propõem alguns truques e utilizam a passagem de mensagens impelida pela peculiaridade na estrutura LBP para a indução do sistema. Propõem ainda uma nova estratégia de avaliação para avaliar os spammers localizados, utilizando naturalmente a disposição direcionada das suas auditorias. Além disso, utilizam mestres de área para efetuar uma avaliação humana dos autores de spam reconhecidos e dos não autores de spam. Tanto o resultado da ordem quanto o resultado da avaliação humana demonstram que a técnica proposta supera as linhas de base sólidas, o que mostra a viabilidade da estratégia.

Para avaliar a relação entre as auditorias e as explosões, propõem uma representação gráfica dos comentadores e das suas ligações, e um sistema de criação de diagramas para reconhecer os autores de spam de inquéritos. São igualmente propostos alguns indicadores de conduta de spam para ajudar no cálculo da propagação.

De forma resumida, esta análise dá os principais contributos que se seguem:
* Propõe um cálculo para identificar explosões de auditorias utilizando a estimativa da densidade de Kernel, além de algumas particularidades como marcadores para utilização na captura de spammers de auditorias em explosões de inquéritos.
* Propõe um modelo de informação centrado em torno dos campos aleatórios de Markov e utiliza a passagem de mensagens afectadas por truques na estrutura de propagação de convicções em loop para localizar os remetentes de spam de inquéritos. Apesar do facto de (Wang et al. 2011) também ter utilizado um diagrama para ligar analistas, auditorias e lojas para localizar spammers de lojas, como eles falaram, o seu sistema não distingue os spammers, mas apenas os classifica.
* Propõe um novo sistema de avaliação para avaliar os remetentes de spam apanhados, utilizando naturalmente a organização gerida das suas auditorias. Uma vez que o sistema proposto é semelhante ao agrupamento, é possível fabricar um classificador centrado nos grupos que se seguem, em que cada grupo é visto como uma classe. A principal normalidade da metodologia é que as peculiaridades utilizadas como parte da descoberta de remetentes de spam não são completamente as mesmas que os artifícios utilizados como parte do arranjo (ou seja, não há cobertura de artifício). Esta metodologia é direcionada, uma vez que não inclui qualquer atividade manual.

Durante a pesquisa de auditorias em linha de artigos e administrações para detetar inquéritos falsos, os investigadores observaram coisas verdadeiramente extraordinárias [18]. Eles deram algumas abordagens para detetar inquéritos online falsos. Algumas delas eram extremamente intrigantes e é preciso ter em atenção as abordagens para descobrir os impostores. Dessas 30 maneiras [18], algumas são as seguintes:

Os analistas não têm auditorias diferentes no sítio. Várias auditorias que são exatamente as mesmas, mesmo que não sejam falsificadores, qualquer pessoa que escreva em MAIÚSCULAS é um idiota e deve ser ignorada. Cuidado com o analista "poliamoroso" [18], cada item é objeto de uma auditoria brilhante e sem verniz. E ainda mais o analista "monogâmico", cujos inquéritos só dizem respeito a artigos de um único fabricante. Tudo reconhecimento, naturalmente. "Conversa sobre publicidade. Os indivíduos típicos não enviam conversas de promoção. "Os comentadores dizem o nome completo e o modelo do artigo vezes sem conta". Isto é muitas vezes uma indicação de um esforço pobre para desviar os resultados da pesquisa na Internet. O indivíduo usa a variante "afirmada pela marca" do nome. Algo que nenhum indivíduo comum escreveria, mas que um anunciante faria. Como o nome do artigo em todos os topos. Dá um código de desconto ou diz-lhe onde pode ir para comprar o artigo. Auditorias que utilizam uma grande parte das mesmas expressões populares [18] que o sítio utiliza para descrever os seus artigos. A maior parte dos analistas tem contas feitas na mesma altura, normalmente na altura em que o nome do espaço foi registado." O nome de utilizador tem mais de 3 números no final. Especialmente se alguns dos inquéritos alternativos forem deixados por clientes com mais de 3 números no final. Geralmente uma indicação de um projeto mecanizado que deixa inquéritos. este artigo ajuda a parcelar os verdadeiros clientes ignorantes.

Em 2013, foi proposta uma outra estratégia por T. Qian e B. Liu, que continua a utilizar a adaptação administrada, mas não obriga a preparar relatórios a partir dos ID de utilizador incluídos. Em vez disso, utiliza arquivos de diferentes ID de utilizador para a construção do classificador. O classificador pode ser conectado a arquivos dos user-ids incluídos. Isso é concebível com o fundamento de que eles mudam o espaço de registro para um espaço de similitude e a aprendizagem é realizada neste novo espaço. A sua avaliação é efectuada no princípio da auditoria online. Os resultados do teste utilizando inúmeras e suas auditorias demonstram que o sistema proposto é extremamente atraente. Propuseram uma nova técnica [15] para distinguir IDs de utilizadores que podem ser do mesmo criador. O centro da técnica é uma estratégia de aprendizagem regulada que se adapta num espaço de comparabilidade em oposição ao espaço de relatório. Esta estratégia de aprendizagem tem a capacidade de descobrir melhor se um registo pode ser escrito por um escritor conhecido, embora nenhum arquivo do escritor tenha sido utilizado como parte da preparação (o comprimento de eles têm alguns registos do escritor para servir como inquéritos). Tanto quanto é do seu conhecimento, não existe uma estratégia atual centrada na investigação fonética para resolver o problema. Os seus resultados de testes centrados em inúmeros e os seus inquéritos demonstram que o cálculo proposto é profundamente preciso. Supera nomeadamente três linhas de base.

No trabalho efectuado em 2011, M. Ott, Y. Choi, C. Cardie e J.T. Hancock consideram o spam de suposições sedutoras - suposições imaginárias que foram deliberadamente compostas para parecerem genuínas. Coordenando o trabalho de investigação sobre o cérebro [6] e a fonética computacional, criam três metodologias para localizar o spam de sentimento complicado e, finalmente, criam um classificador que é cerca de 90% exato no seu conjunto de dados de spam de sentimento de nível mais elevado. Tendo em conta o exame dos seus modelos académicos, também fazem algumas contribuições hipotéticas, incluindo a descoberta de uma relação entre conclusões enganosas e composição inovadora. no seu novo conjunto de dados. Em especial, concluem que os classificadores de aprendizagem automática preparados com base em peculiaridades habitualmente utilizadas em (a) investigações mentais de dupla negociação e (b) identificação de tipos são ambos superados a níveis factualmente críticos por sistemas de organização de conteúdos baseados em n-gramas. De facto, um classificador combinado com n-gramas e artifícios mentais de dupla negociação atinge cerca de 90% de exatidão cruzada nesta tarefa. Neste trabalho, criaram o primeiro conjunto de dados de grande escala que contém spam de avaliação de alto nível [6]. Com este conjunto de dados, demonstraram que a descoberta de spam de sentimento de lisonja ultrapassa largamente as capacidades dos juízes humanos, uma grande parte dos quais tem um desempenho geralmente at-shot. Como é necessário, apresentaram três metodologias computorizadas para a descoberta de spam de presunção complicada, tendo em conta experiências provenientes da exploração em etimologia computacional e investigação cerebral.

Concluem que, embora a classificação de conteúdos baseada em n-gramas padrão seja a melhor abordagem de descoberta individual, uma metodologia mista que utilize artifícios psicolinguísticos e peculiaridades de n-gramas pode ter um desempenho marginalmente melhor. Finalmente, fizeram algumas contribuições hipotéticas. Em particular, as suas descobertas propõem a vitalidade de considerar tanto a conexão (e.g. Bigrams+) como as inspirações [6] que ocultam um desvio, em vez de se aterem inteiramente a um conjunto geral de sinais enganadores (e.g., LIWC). Introduziram igualmente resultados centrados nos pesos dos truques aprendidos pelos seus classificadores que descrevem os problemas enfrentados pelos mentirosos na codificação de dados espaciais. Finalmente, descobriram uma relação concebível entre o spam de suposições enganosas e o trabalho escrito inovador, com base na semelhança de distribuição de POS [6].

Em 2012, B. Liu, por exemplo, descobriu-se que as críticas negativas ou informais prejudicam a avaliação e os negócios dos artigos. Utilizando uma mistura de investigação econométrica e estratégias de teste, eles unem esses pontos de vista para retratar configurações sob as quais a reputação negativa em torno de um item terá impactos positivos versus negativos. Em particular, eles afirmam que a reputação negativa pode melhorar a probabilidade de compra e os negócios, expandindo a atenção ao item [29]. Assim, a reputação negativa deve ter impactos diferenciados em itens estabelecidos versus itens obscuros. Três estudos [29] ajudam este ponto de vista. Enquanto uma crítica negativa no New York Times prejudica as ofertas de livros de escritores bem conhecidos, por exemplo, aumenta as ofertas de livros que tinham menor atenção anterior. Os estudos sublinham ainda a vitalidade de um buraco no meio da atenção e do evento de compra e a parte intercedente da consciência alargada nestes impactos.

Em 2011, G. Wang, S. Xie, B. Liu, P. S. Yu propuseram uma ideia inovadora de um gráfico de inquéritos heterogéneos [9] para captar as ligações entre comentadores, inquéritos e lojas que os analistas analisaram. Eles investigaram como as comunicações entre hubs neste gráfico podem revelar a razão do spam e propõem um modelo iterativo para reconhecer comentadores suspeitos. Esta é a primeira vez que conexões tão complexas foram reconhecidas para o reconhecimento de spam em pesquisas. Além disso, eles criaram uma estratégia de processamento viável [9] para avaliar a confiança dos comentaristas, a genuinidade das pesquisas e a confiabilidade das lojas.

CAPÍTULO 3

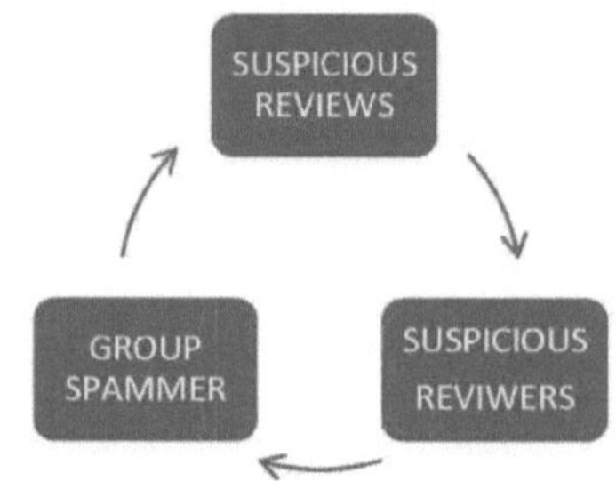

FORMULAÇÃO DO PROBLEMA E OBJECTIVOS

3.1 Definição do problema

Atualmente, as escolhas de compra dos clientes estão sujeitas a opiniões online dadas por diferentes clientes. Para eles, uma parte dos dados lucrativos sobre os artigos e as administrações são fornecidos aos compradores na Internet. Por outro lado, nos últimos anos, a este grupo social juntaram-se os spammers, cujo objetivo é enganar os consumidores, colocando inquéritos falsos em sites de auditoria de artigos. Os spammers são vigorosamente pagos por alguma associação para desviar todo o conjunto de dados através da noção de spamming (por exemplo, compondo inquéritos falsos). O seu objetivo é elevar ou baixar a notoriedade de alguns outros itens-alvo hábeis. Esta circunstância exige agora provas reconhecíveis e a identificação de inquéritos falsos e analistas falsos, uma vez que isto se transformou numa enorme mancha social. Os esforços anteriores para a descoberta de spam incorporam a conduta dos analistas, o engano do conteúdo, as peculiaridades fonéticas e os exemplos de classificação. Esses estudos têm a capacidade de reconhecer certos tipos de spammers, por exemplo, os indivíduos que publicam numerosas auditorias comparáveis em torno de um elemento-alvo. Seja como for, na realidade, existem diferentes tipos de spammers que podem controlar as suas práticas de modo a actuarem da mesma forma que os analistas autênticos.

3.2 Objetivo

O objetivo final do tempo é identificar todas as críticas falsas, revisores falsos e grupos de revisores falsos. A deteção de um tipo pode ajudar na deteção de outros. No entanto, cada um deles também tem as suas próprias caraterísticas especiais, que podem ser exploradas para a deteção.

Figura 3.1 Relação entre a avaliação falsa, o avaliador falso e o grupo de avaliadores falsos

Assim, os principais objectivos deste trabalho de investigação são a recolha de metadados sobre uma avaliação. Em seguida, aplicar parâmetros de rede e estatísticas geográficas para identificar críticas suspeitas, críticos suspeitos e spammers de grupo. A fim de manter a fiabilidade das críticas em linha e reduzir o impacto do spam de críticas em grande medida, este tornou-se um grande problema social.

CAPÍTULO 4

METODOLOGIA

Este trabalho pretende apresentar o resultado experimental do método de teste BILD completo, que inclui o método de classificação baseado em regras, juntamente com o efeito combinado dos metadados recolhidos sobre cada avaliação para identificar avaliações suspeitas, avaliadores suspeitos e grupos de spammers em sítios Web de avaliação de produtos.

4.1 Teste BILD para deteção de revisões suspeitas

Este trabalho pretende introduzir uma nova técnica para identificar revisões suspeitas, revisores suspeitos e grupos de spammers. A metodologia de deteção inclui um processo de duas etapas. Na primeira iteração, é utilizada uma técnica designada **por classificação baseada em regras** para classificar as críticas em duas classes principais: uma é a classe das críticas suspeitas e a outra é a classe das críticas não suspeitas. A classe suspeita contém todas as avaliações que se suspeita terem sido publicadas por spammers intencionalmente para promover ou despromover a entidade-alvo. Do mesmo modo, a classe não suspeita contém o resto das avaliações. A abordagem de classificação baseada em regras baseia-se em algumas regras "se-então". No nosso estudo, estamos a utilizar algumas regras "se-então" que, por sua vez, ajudarão a classificar o conjunto de dados de avaliações entre o conjunto de classes acima referido. Cada resenha do conjunto de dados será verificada em relação a todas as regras e, desta forma, toda a entrada pode ser decomposta em classes separadas válidas que satisfaçam as regras. Esta iteração seria útil sobretudo para as recensões que apresentam semelhanças de conteúdo. É por isso que também pode ser designada como **técnica de classificação baseada no conteúdo**. A área principal e mais importante é a dos conteúdos duplicados publicados pelos utilizadores. Depois, para dar o próximo passo no nosso estudo, aplicamos alguns parâmetros de rede (como endereço IP, data e hora e ID do navegador) e estatísticas geográficas (como longitude e latitude).

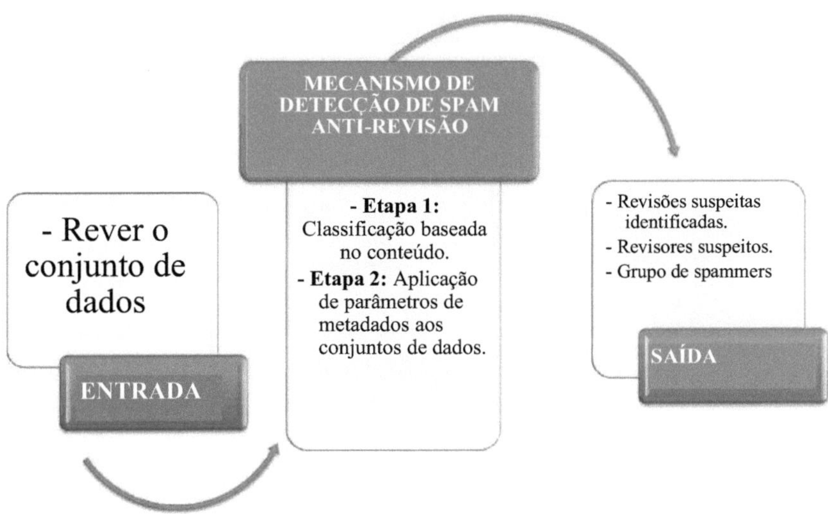

Figura 4.1 Mecanismo de deteção utilizado

O nosso trabalho tem como objetivo abranger quase todos os casos possíveis que podem ser motivo de suspeita. Para isso, estudámos as estratégias seguidas pelos remetentes de spam para difamar ou dar fama a um produto alvo. O estudo dos aspectos comportamentais dos remetentes de spam tem sido muito útil antes de se conceber um método para os identificar. De um modo geral, os remetentes de spam têm dois objectivos: promover ou rebaixar um produto. Todos os comentários positivos dos remetentes de spam mostram a sua intenção positiva em relação a um produto, ao passo que todos os comentários negativos mostram que pretendem prejudicar a sua reputação. Os autores de spam de opinião trabalham num grande grupo e tentam enviar spam em massa. Os autores de spam publicam geralmente de duas formas: uma consiste em publicar comentários exatamente duplicados várias vezes e a outra em publicar conteúdos diferentes com a mesma polaridade, ou seja, todas as críticas distintas com palavras positivas ou todas as críticas distintas com palavras negativas.

4.2 Aspectos comportamentais dos spammers

Os autores de spam têm alvos pré-decididos contra os quais trabalham. A sua tarefa pode ser promover a reputação de uma marca ou rebaixar um objeto-alvo, fornecendo opiniões positivas ou negativas sobre essas entidades-alvo. Está provado que é benéfico conhecer a estratégia comportamental dos autores de spam antes de os identificar. A sua tendência é publicar comentários de grande dimensão sobre um produto-alvo. Para isso, podem trabalhar individualmente, ou seja, como um grupo de pessoas que publicam comentários do mesmo tipo para a entidade-alvo a partir de locais diferentes. Podem ou não conhecer-se, mas trabalham para uma organização comum. Por outro lado, um indivíduo também se pode comportar como um grupo, criando vários ID de utilizador únicos. Estes tipos de spammers publicam exatamente duplicados e também comentários diferentes a partir de vários ID de utilizador. Estas duas são as estratégias mais prejudiciais seguidas pelos autores de spam. Na técnica proposta, a utilização de metadados no teste BILD permite identificar as estratégias dos autores de spam acima referidas com uma precisão aceitável.

4.3 Possível cenário de suspeita

No nosso estudo, cobrimos quase todos os casos possíveis em que existe um sinal de suspeita. Embora alguns dos casos [3] também tenham sido abordados por investigadores em 2008. Estamos a identificar todos os sete casos possíveis de spam utilizando **o método de classificação baseado em regras com o efeito combinado dos metadados das avaliações**. A lista de todos os cenários que constituem um fator de suspeição para o sistema de avaliação do comércio eletrónico é a seguinte

- Comentários duplicados publicados pelo mesmo utilizador sobre o mesmo produto.
- Comentários duplicados publicados pelo mesmo utilizador sobre produtos diferentes.
- Comentários duplicados publicados por diferentes utilizadores sobre o mesmo produto.
- Comentários duplicados publicados por diferentes utilizadores sobre diferentes produtos.
- Comentários não duplicados publicados pelo mesmo utilizador sobre o mesmo produto.
- Comentários não duplicados publicados pelo mesmo utilizador sobre produtos diferentes.
- Comentários não duplicados publicados por diferentes utilizadores sobre o mesmo produto.

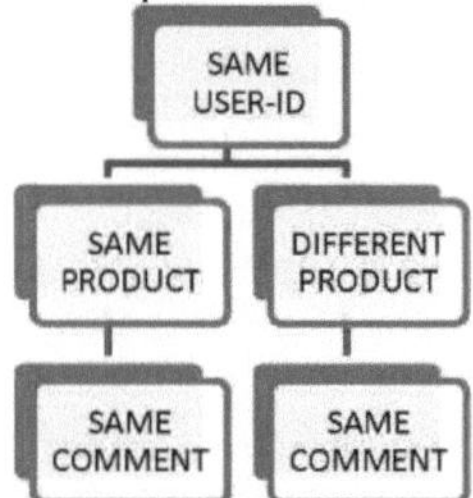

Figura 4.2 Um único ID de utilizador publica duplicados no mesmo produto/diferente.

A figura 4.2 acima representa os dois primeiros casos possíveis de actividades de spammer. Um único utilizador publica um comentário sobre um produto (por exemplo, um telemóvel da marca xyz) no portal de avaliação de produtos. A suspeita surge quando o mesmo utilizador volta a publicar exatamente o mesmo comentário para esse mesmo produto. Nalgumas situações, podemos considerar que se trata de um caso natural, uma vez que pode acontecer por se ter premido o botão "enter" mais do que uma vez de forma não intencional. A suspeita torna-se um sinal seguro se o mesmo acontecer mais do que um determinado número de vezes. Para evitar estes cenários, utilizámos uma *variável de contagem* que conta o número de vezes que uma avaliação foi publicada num produto. No nosso estudo, para evitar algumas excepções habituais, mantivemos o valor mínimo desta variável em 3. É aplicada uma regra ao conjunto de dados das avaliações, que extrai todos os comentários duplicados publicados pelo mesmo utilizador sobre o mesmo produto e conta se for superior a 3, ou seja, contagem (avaliação)>3.

Por outro lado, abrange o caso que inclui todas as críticas que são exatamente as mesmas publicadas pelo mesmo ID de utilizador em produtos diferentes.

Por exemplo: um utilizador com o nome de utilizador Rahul publica um comentário *"O desempenho do produto é fantástico. Estou muito satisfeito. Se procura uma câmara de boa qualidade, deve optar por este telemóvel"* para um produto com o nome de telemóvel XYZ. Depois, o mesmo utilizador RAHUL publica o mesmo comentário *"The performance of product is awesome. Estou muito satisfeito. Se procura uma câmara de boa qualidade, deve optar por este telemóvel"* para um produto diferente com o nome de telemóvel ABC. A questão que se coloca aqui é a seguinte: como pode um utilizador ter exatamente a mesma opinião sobre dois produtos diferentes? Isto torna-se um sinal seguro de suspeita de que se trata de uma atividade de spammer que está intencionalmente a fazer estes comentários. Para identificar este tipo de spamming, utilizamos outra regra apresentada mais adiante.

Todos os casos discutidos acima são aqueles que estão a identificar spam com conteúdo duplicado nas avaliações. Mas pode haver um grande número de casos em que os autores de spam tendem a publicar conteúdos diferentes com polaridade semelhante. A polaridade do conteúdo significa a orientação das palavras utilizadas nessa avaliação. Por exemplo: uma avaliação "este produto tem uma excelente qualidade de câmara" é um comentário positivo para esse produto. Segunda avaliação "a qualidade da imagem deste telemóvel é simplesmente fantástica. Estou muito satisfeito por ter comprado este telemóvel" é também um comentário positivo para esse produto. Como se pode observar, ambos os comentários são positivos e, portanto, têm a mesma polaridade, porque a orientação das palavras nos comentários é positiva. Este tipo de spamming é mais comum nos portais Web. Os spammers que têm a intenção de promover o produto-alvo publicam todos os comentários positivos sobre esse produto para maximizar a sua classificação.

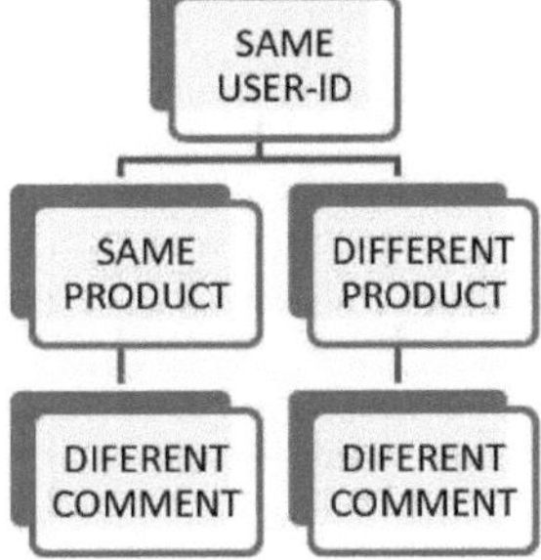

Figura 4.3 Um único ID de utilizador publica avaliações diferentes em produtos iguais/diferentes.

A figura 4.3 abrange os casos em que o mesmo utilizador publica conteúdos diferentes para o mesmo produto ou para produtos diferentes. O primeiro caso inclui as avaliações que estão a ser publicadas pelo mesmo utilizador sobre o mesmo produto. Por exemplo: o utilizador 1 publica uma avaliação *"a bateria de reserva não está à altura"* e, em seguida, uma nova publicação do mesmo utilizador para o mesmo produto aparece como *"Não satisfeito...! O pior telemóvel de sempre. Sugiro que não desperdicem o vosso dinheiro com este produto"*. Portanto, aqui, o mesmo utilizador com o nome de utilizador user1 publica dois comentários diferentes para o mesmo produto. Para prejudicar a reputação dos produtos visados, os autores de spam escrevem intencionalmente vários comentários negativos diferentes para um produto várias vezes. Este facto não deve ser contabilizado no cálculo dos resultados agregados para a classificação da qualidade.

O outro caso da figura 4.3 mostra um cenário em que o mesmo utilizador publica conteúdos diferentes em produtos diferentes. Por vezes, os remetentes de spam trabalham para uma organização que trabalha em equipa para atingir objectivos comuns. Infelizmente, essas organizações estão a ganhar muito dinheiro com estas actividades de spam. O seu objetivo é prejudicar/promover a reputação de uma determinada marca, ou seja, todos os produtos da mesma marca. Para isso, preferem escrever comentários para diferentes produtos da mesma marca. Fazem-no em grandes quantidades. Este facto também provoca suspeitas. Neste passo 1, a regra para esta categoria de remetentes de spam é apenas conseguir detetar a lista de todas as diferentes críticas publicadas pelo mesmo utilizador em vários comentários diferentes. A identificação dos que são efetivamente suspeitos é possível na etapa 2, que será explicada mais adiante neste estudo.

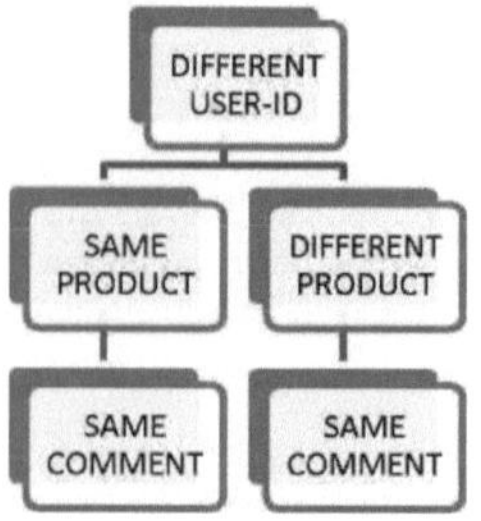

Figura 4.4 Vários IDs de utilizador lançam duplicados em produtos iguais/diferentes.

A figura 4.4 acima descreve os casos em que a mesma avaliação é publicada por vários ID de utilizador diferentes para produtos iguais ou diferentes. Este é um caso importante de suspeita, uma vez que não há duas pessoas que tenham exatamente a mesma opinião sobre um único ou vários produtos. É possível que todos estejam a trabalhar para a mesma organização para atingir um objetivo bem definido ou que uma única pessoa esteja a agir como um grupo de pessoas ao criar vários ID de utilizador. Isso significa que um único utilizador pode registar-se com vários ID de utilizador com detalhes diferentes. Estes casos são os mais prejudiciais e também os mais aborrecidos de identificar.

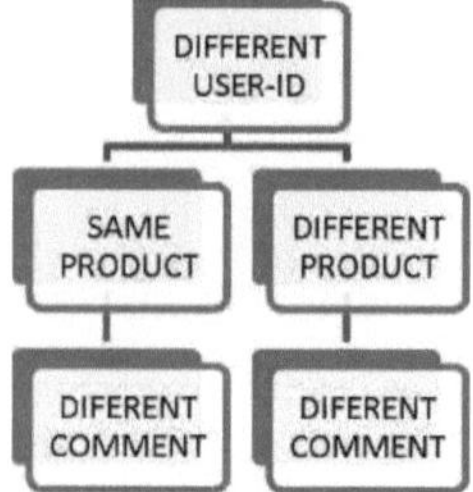

Figura 4.5 Vários IDs de utilizador publicam avaliações diferentes em produtos iguais/diferentes

Os casos apresentados na figura acima são muito mais difíceis de identificar do que todos os outros casos anteriores. Embora o nosso trabalho seja capaz de identificar o primeiro caso entre os dois acima referidos na figura 4.5, o segundo caso está fora do âmbito desta estratégia de identificação. O primeiro caso abrange os autores de spam que podem utilizar vários ID de utilizador ou podem trabalhar em grupo. Trabalham em conjunto para publicar todos os comentários diferentes com a mesma polaridade para um único produto-alvo. Esta estratégia dos autores de spam é muito prejudicial para os sítios Web de comércio eletrónico, uma vez que realizam esta atividade em massa. Uma vez que este parece ser um caso genuíno, é a atividade mais difícil de detetar pelo sistema. Neste caso, como o número de utilizadores diferentes está a avaliar um produto com caraterísticas linguísticas diferentes, é muito fastidioso dizer que não se trata de avaliações reais. Os autores de spam publicam geralmente comentários com aspeto genuíno para não serem apanhados. De um modo geral, os autores de spam que trabalham em grupo têm tendência para realizar estes actos quase no mesmo curso de ação. A nossa metodologia utiliza um gráfico diário-hora gerado por produto, que será explicado mais tarde em pormenor, o que ajudará a identificar apenas este caso específico.

A maior parte desta investigação centra-se em todos os IDs de utilizador distintos pelos quais são publicados comentários iguais ou diferentes sobre produtos iguais ou diferentes. É utilizada uma abordagem parametrizada para identificar comentários suspeitos destes tipos. Como já foi discutido, não estamos a considerar o caso de comentários diferentes publicados por utilizadores diferentes em produtos diferentes no nosso estudo. Os restantes três casos abrangem a parte mais perigosa e prejudicial do spam de comentários. Quando um grupo de remetentes de spam individuais trabalha em conjunto para atingir um alvo e também quando um único remetente de spam trabalha em grupo, criando vários ID de utilizador, revela-se o ataque mais poderoso ao sítio Web de comércio eletrónico. Lidar com este tipo de spammers não é uma tarefa fácil. Para tal, é necessário utilizar os dados privados de um utilizador que escreve uma crítica em sítios de crítica de produtos. Os dados privados incluem parâmetros como o endereço MAC, o endereço IP, a localização, a data e hora e o ID do browser. Esta abordagem parametrizada é designada *por "BILD TESTING"*. A deteção de avaliações suspeitas envolve a classificação das avaliações com base nos parâmetros acima referidos. Todos os comentários (iguais/diferentes) publicados por diferentes IDs de utilizador a partir do mesmo endereço IP e dos mesmos valores de longitude/latitude são uma parte extremamente suspeita dos comentários. Esta técnica BILD TESTING tem a capacidade de detetar os autores de spam que utilizam vários ID de utilizador para publicar vários comentários diferentes sobre qualquer produto. Mesmo que um remetente de spam publique comentários a partir da mesma máquina, será detectado através do browser-id (um número único que é gerado quando um cliente se regista através de um browser, por exemplo, Google Chrome/Foxfox, etc.). Este número gerado aleatoriamente permanecerá o mesmo até que o remetente de spam limpe a cache do seu sistema. A classificação de um produto será afetada se e só se o número de críticas spam for elevado. É garantido que o remetente de spam não limpará os cookies nem mudará o seu browser após cada mensagem. A sua identificação é certa se ele publicar spam em massa.

4.4 TESTE BILD

4.4.1 Deteção de classificação baseada em regras

A deteção de classificação baseada em regras é a primeira iteração em que um determinado número de regras é aplicado a um conjunto de dados de avaliações recolhidos de sítios Web de avaliação de produtos. A regra contém algumas caraterísticas pré-definidas sobre as avaliações que podem ser falsas. As avaliações no conjunto de dados de avaliações são classificadas em categorias separadas se corresponderem às caraterísticas das regras.

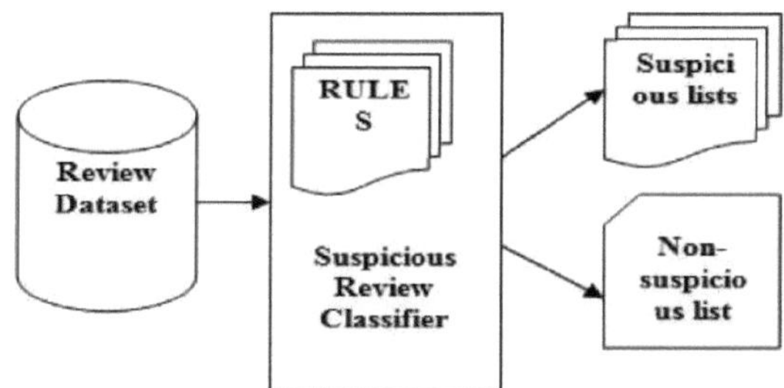

Figura 4.6 Classificação baseada em regras de revisões entre listas separadas.

Isto conduzirá à produção de listas separadas de revisões suspeitas identificadas. O número de listas de saída é superior ao número de regras. As regras que são aplicadas ao conjunto de avaliações são explicadas no algoritmo apresentado a seguir:

4.4.1.1 Algoritmo: Classificação baseada em regras

Entrada: Conjunto de dados de revisão.

Algoritmo:

Passo 1: Procurar no repositório de revisão exatamente os duplicados.

Passo 2: Para o produto M: Extrair todas as entradas de dados para as quais CONTENT [REVIEW X] = = CONTENT [REVIEW Y];

Passo 3: Manter duas classes separadas:

    Se (USUÁRIO [REVISÃO X] = = USUÁRIO [REVISÃO Y])

        Inserir na classe I.

     Outro

        Inserir na classe II.

Passo 4: Repetir os passos 2 e 3 para cada produto.

Passo 5: Para todos os pares de produtos M e N: Extrair todas as entradas de dados para as quais CONTENT [REVIEW X] = = CONTENT [REVIEW Y];

Passo 6: Manter duas classes separadas:

    Se (USUÁRIO [REVISÃO X] = = USUÁRIO [REVISÃO Y])

        Inserir na classe III.

     Outro

        Inserir na classe IV.

Passo 7: Para o produto M: Extrair todas as entradas de dados para as quais CONTENT [REVIEW X] ! = CONTEÚDO [REVISÃO Y];

Passo 8: Manter duas classes separadas:

    Se (USUÁRIO [REVISÃO X] = = USUÁRIO [REVISÃO Y])

        Inserir na classe V.

Outro

Inserir na classe VI.

Etapa 9: PARAR.

Neste caso, REVISÃO X representa a identificação da revisão (identificação única da revisão na base de dados); CONTEÚDO [REVISÃO X] é o comentário de uma determinada revisão; UTILIZADOR [REVISÃO] representa a revisão publicada pelo utilizador com a respectiva identificação.

Para a análise dos resultados experimentais de todos os casos acima referidos, estamos a utilizar relações que podem ser representadas da seguinte forma

R1: utilizador (user_id, nome de utilizador, email_id, endereço, número_de_contacto).

R2: item (id, nome, item_code, categoria e preço).

R3: revisão (review_id, conteúdo, data, hora).

As consultas algébricas relacionais no contexto de cada etapa do algoritmo são mencionadas a seguir:

Passo 1: Extrair todas as avaliações duplicadas publicadas por um único utilizador, ou seja, pelo mesmo utilizador para um produto-id.

nreview.**id, review. content, user. username, item.name**$^{((o}$ **count>1** (/review. **Conteúdo, utilizador. Username, item.name, count(id)))review Muser M item).**

Os resultados serão registados no quadro I.

Passo 2: Todos os duplicados publicados por diferentes utilizadores para um produto-id:

n_{re} view . content, user. username, item.name$^{(o}$ count 1 (/review. content, item.name, count (user. Username)))revie^w M user M item).

Os resultados são apresentados no quadro II.

Passo 3: Todos os duplicados publicados pelo mesmo utilizador para diferentes IDs de produto:

nreview . content, user. username, item.name$^{((o}$ count>1$^($ Y user. Nome de utilizador, item.nome, count (item.nome) $^{))}$review M user IX item).

Os resultados são apresentados no quadro III.

Passo 4: Todos os duplicados publicados por diferentes utilizadores para diferentes produtos:

^{n}review. content, user. username, item.name$^{((o}$ count 1 AND user. Usemame>'1" AND item. Name>'1$^($ Y review. content))reviewMuserM item).

Os resultados serão registados no quadro IV.

Passo 5: Todas as mensagens não duplicadas enviadas pelos mesmos utilizadores para os mesmos produtos:

^{n}review. content, user. username, item.name$^{((o}$ count>3$^($ Y item.id, user. Username, count(review. content) v$^{))reie}$ w M user M item).

Os resultados serão armazenados no quadro V.

O diagrama entidade-relacionamento está representado na figura 4.7. O diagrama entidade-relacionamento mostra a relação entre as entidades que estão a ser utilizadas no nosso sistema de extração de resenhas. Existem três entidades designadas por entidade utilizador, entidade resenha e entidade item, que mantêm o registo das resenhas associadas aos utilizadores que publicaram, juntamente com os seus dados e os dados do item, respetivamente. Sempre que um novo cliente se regista em sítios Web, a entidade "utilizador" armazena os seguintes dados sobre o novo utilizador: ID do utilizador, nome de utilizador, correio eletrónico, palavra-passe, etc. Se o utilizador escrever uma resenha sobre um produto, a entidade "resenha" armazena os seguintes dados sobre a resenha: ID da resenha, título, conteúdo, ID do utilizador (que publicou a resenha) e ID do produto correspondente (para o qual foi publicada a resenha do produto). A terceira entidade contém o seguinte: product_id para armazenar o número de identificação único de cada produto, nome do produto, descrição do produto, categoria, imagem, criado em, atualizado em e preço. Estas entidades permitem que a base de dados armazene todos os detalhes de todos os clientes que se registam e de todas as avaliações que publicam, bem como do respetivo produto para o qual escrevem a sua opinião.

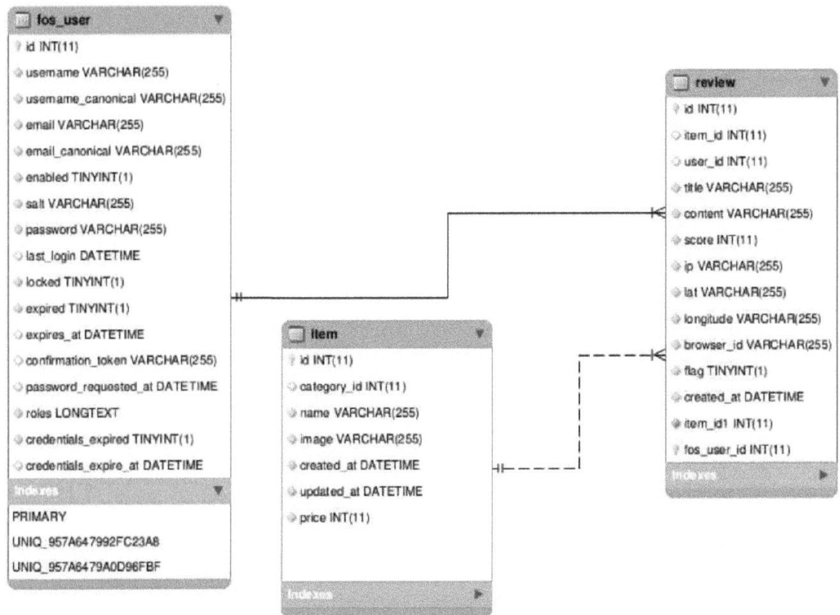

Figura 4.7 Diagrama Entidade-Relacionamento

Todos os casos descritos acima constituem a base para a suspeita. Como se pode observar, o facto de a mesma crítica ter sido publicada várias vezes pelo mesmo ou por diferentes ID de utilizador na mesma categoria de produto levanta suspeitas. Do mesmo modo, as duplicações de comentários publicados várias vezes pelo mesmo ou por diferentes ID de utilizador em diferentes categorias de produtos apontam para a suspeita. Por outro lado, as diferentes avaliações publicadas pelo mesmo ID de utilizador em produtos iguais/diferentes levantam suspeitas. Todos estes casos possíveis foram cobertos pelo método de classificação baseado em regras. Consideram-se todas as listas de críticas suspeitas e não suspeitas como classes individuais $(c_1, c_2, ... c_n)$. A regra de Baye é útil para prever a probabilidade de uma avaliação ser classificada numa determinada classe.

$$P\left(Ci\ /R\right) = \frac{(P(R/Ci) * P(Ci))}{(P(R))} \tag{1}$$

A probabilidade de as críticas pertencerem à classe Ci é a multiplicação da probabilidade de R dada C e da probabilidade da classe, dividida pela probabilidade da crítica. Neste caso, o denominador é irrelevante, porque o denominador será o mesmo para todas as classes concorrentes. Parte-se do princípio de que, no início, existe a mesma probabilidade de a avaliação cair em cada uma das turmas. Assim, a probabilidade de cada turma é a mesma, ou seja, P (Ci) = 1/7. Agora, toda a probabilidade depende do termo no numerador. Supõe-se que uma recensão é membro da classe para a qual o valor do numerador é mais elevado.

Para uma rápida identificação de revisões suspeitas, é gerada uma *Matriz de Revisão*. Uma matriz de avaliações contém avaliações como linhas e regras aplicadas como colunas. Na matriz, o valor 1 especifica que a avaliação é identificada como suspeita com base na regra do número da coluna e 0 caso contrário. Um exemplo de matriz de valores é apresentado abaixo:

Tabela 1: Valores de amostra para a matriz de revisão

Amostra	Regra I	Regra II	Regra III	Regra IV
Revisão I	1	0	0	0

Revisão II	1	0	1	0
Revisão III	0	1	1	0

Esta matriz resulta na observação de que quanto maior for o número de 1s na tupla, maior é a probabilidade de se tratar de uma revisão altamente suspeita. A classificação baseada em regras tem duas medidas de desempenho que podem ser descritas utilizando os dois termos seguintes: Precisão e cobertura.

$$\text{Coverage of rule} = \frac{Ncovers}{|N|} \tag{2}$$

$$\text{Accuracy of Rule} = \frac{Ncorrect}{Ncovers} \tag{3}$$

Aqui, a cobertura de cada regra pode ser calculada como um rácio entre o número de revisões abrangidas por essa regra e o número total de revisões. *Ncovers* especifica o número de revisões cobertas pela regra. $|N|$ é o número total de tuplas. A exatidão da regra pode ser definida em termos do rácio entre o número de tuplas corretas abrangidas por essa regra e o número total de tuplas abrangidas.

Nesta fase do teste BILD, chegámos a um ponto em que temos um certo número de listas suspeitas que contêm revisões com conteúdo exatamente semelhante. O primeiro passo do BILD TEST, ou seja, o método de classificação baseado em regras, consegue abranger apenas a estratégia básica e mais simples seguida pelos autores de spam, que preferem apenas copiar e colar o mesmo conteúdo no mesmo produto ou em vários produtos. Muitos outros investigadores apresentaram também algumas técnicas para identificar a estratégia de semelhança de conteúdos. Mas, tendo em conta o facto de que, no mundo da tecnicidade, os autores de spam são agora suficientemente inteligentes para compreender que as revisões duplicadas podem ser facilmente identificadas, mesmo através de observações manuais. Há necessidade de uma abordagem parametrizada com a capacidade de detetar até mesmo casos ocultos e tediosos de spam. O segundo passo do BILD TEST abrange todos os casos discutidos nas secções anteriores.

4.4.2 Análise dos meta-parâmetros de cada revisão

Nesta etapa, é seguida uma abordagem parametrizada para nos concentrarmos na parte principal da nossa investigação. Os metadados são os dados sobre os comentários que são registados pelo sistema no momento do registo da conta e também no momento da publicação do comentário. Antes de chegar à metodologia do segundo passo do BILD TEST, é necessário elaborar brevemente os diferentes tipos de detalhes que estão a ser armazenados durante a utilização de sites de avaliações online.

4.5 Dados públicos e privados na Web

Quando um avaliador visita um sítio Web de compras em linha, existem geralmente dois tipos de dados que são armazenados no servidor. Um que está disponível publicamente e pode ser visto por toda a gente. Outro é o detalhe que é armazenado no backend e não está autorizado a ser apresentado publicamente. Quando um utilizador se regista num sítio de compras, os seus dados, como o nome de utilizador, o endereço de correio eletrónico, a morada, etc., são armazenados na base de dados. Estes detalhes são referidos como dados públicos. Quando um revisor publica algumas informações em sítios Web de avaliação de produtos, são recolhidos dois tipos de dados no sistema. Um é o dado público e o outro é o dado privado. Os dados públicos incluem o nome de utilizador com o qual se regista, a avaliação e a data e hora. No entanto, informações como o endereço MAC, o endereço IP, a data e hora, o ID do navegador e a localização geográfica são privadas.

Este pormenor privado, que não é mostrado publicamente, também pode ser muito útil para identificar os autores de spam. Por conseguinte, um dos nossos objectivos consiste em recolher dados públicos e privados, ou seja, metadados sobre as avaliações e os avaliadores. Os parâmetros como o endereço IP, a localização, a data e hora e o ID do navegador revelam-se muito úteis para encontrar críticas suspeitas. O administrador tem o direito de ver todos os metadados de cada avaliação. No nosso estudo, o segundo passo é encontrar uma variedade de listas baseadas exatamente nos mesmos metadados, ou seja, uma lista de todas as avaliações publicadas a partir do mesmo browser-id ou do mesmo endereço IP e/ou que possam ter o mesmo valor de longitude e latitude. Todos estes casos são os elementos de base da suspeita. O BILD TEST fornece-nos resultados muito interessantes; a implementação passo a passo de todos os casos é apresentada na secção seguinte.

CAPÍTULO 5

APLICAÇÃO E ANÁLISE DE RESULTADOS

5.1 Ferramentas e tecnologias utilizadas para a implementação

5.1.1 SERVIDOR WAMP

O servidor WAMP é alimentado pela Zend Corporation. O servidor é útil para executar o script do lado do servidor PHP. Seguem-se as informações sobre a versão e a configuração do servidor XAMPP.

Instalação

- Descarregue a configuração do servidor wamp.
- Faça duplo clique no ficheiro descarregado e siga as instruções. Tudo é automático. O pacote WampServer é fornecido com as últimas versões do Apache, MySQL e PHP.
- Quando o WampServer estiver instalado, pode adicionar outras versões descarregando-as neste sítio Web. Estas aparecerão no menu do WampServer e poderá mudar de versão com um simples clique.
- Cada versão do Apache, MySQL e PHP tem as suas próprias definições e os seus próprios ficheiros (dados para o MySQL).
- Depois de instalar o wamp, vá para **start->start wampserver**.

- O ícone do Wamp é apresentado na área de notificação. Clique com o botão esquerdo do rato no ícone wamp.

Utilizar o Wamp Server

- O diretório "www" será criado automaticamente (normalmente c:\wamp\www)
- Crie um subdiretório em "www" e coloque seus arquivos PHP dentro dele.
- Clique na ligação "localhost" no menu WampSever ou abra o seu navegador de Internet e aceda ao URL: http://localhost

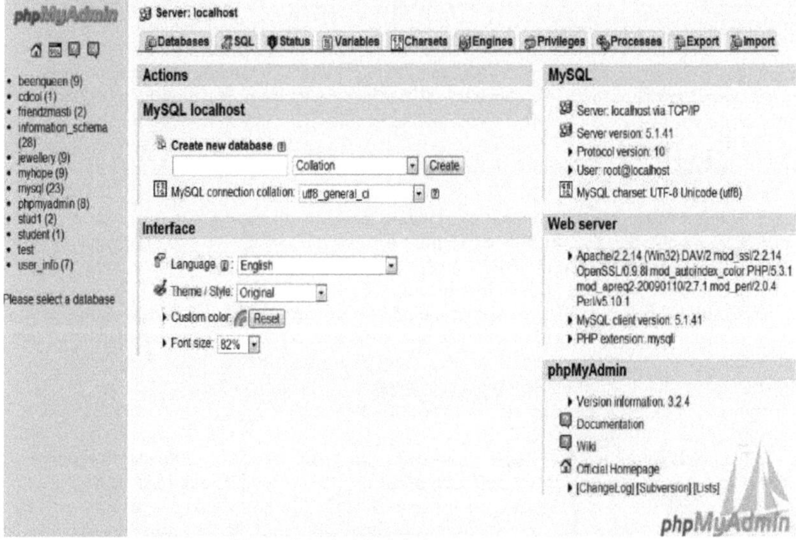

Figura5.1 phpMyAdmin

5.1.2 Breve introdução sobre PHP

O PHP é um dialeto de scripting do lado do servidor. O PHP começou como um dispositivo de script da PÁGINA DE CASA PESSOAL. Hoje em dia, o PHP é amplamente utilizado como parte do mundo individual e corporativo como uma estrutura eficaz de placas de avanço na web. Na maior parte do tempo, o PHP é apresentado em empresas devido à sua velocidade e à falta de licenças. O PHP é um dialeto de scripting do lado do servidor destinado à melhoria da web, adicionalmente utilizado como um dialeto de programação universalmente útil. O PHP é atualmente introduzido em mais de 244 milhões de sítios e 2,1 milhões de servidores Web. Inicialmente criado por Rasmus Lerdorf em 1995, a utilização de referência do PHP é atualmente criada pelo The PHP Group. Enquanto o PHP inicialmente permaneceu para Personal Home Page , agora permanece para PHP: Hypertext Preprocessor, um acrónimo recursivo.

O código PHP é decifrado por um servidor Web com um módulo de processamento PHP que cria a página do sítio que se segue: As invocações PHP podem ser inseridas especificamente num registo de fonte HTML, em vez de chamar um documento externo para processar a informação. Além disso, foi desenvolvido para incorporar uma capacidade de interface de linha de carga e pode ser utilizado como parte de aplicações gráficas autónomas.

O PHP é uma programação livre descarregada ao abrigo da Licença PHP, que é contrária à Licença Pública Geral GNU (GPL) devido a limitações na utilização do termo PHP. O PHP pode ser transmitido na maioria dos servidores web, além disso, como um shell autónomo em quase todas as estruturas e fases de trabalho, de forma gratuita.

O PHP incorpora bibliotecas gratuitas e de código aberto com a forma central. O PHP é uma estrutura que se preocupa com a Internet em sentido lato, com módulos implícitos para aceder a servidores FTP (File Transfer Protocol), numerosos servidores de bases de dados, bibliotecas SQL instaladas, por exemplo, Postgresql implantado, Mysql. Microsoft SQL Server e Sqlite, servidores LDAP e outros. Numerosas capacidades bem conhecidas dos engenheiros de software em C, por exemplo, as da família stdio, estão acessíveis no conjunto padrão do PHP.

O PHP permite que os designers componham aumentos em C para acrescentar utilidade ao dialeto PHP. Estes podem então ser agregados ao PHP ou empilhados rapidamente em tempo de execução. As expansões foram compostas para incluir ajuda para a API do Windows, administração de processos em estruturas de trabalho do tipo Unix, strings multibyte (Unicode), twist e algumas organizações de camadas bem conhecidas. Diferentes artifícios incorporam combinação com IRC, era dinâmica de imagens e substância Adobe Flash, e até mesmo amálgama de discurso. As capacidades centrais do dialeto, por exemplo, as que gerem strings e exposições são igualmente actualizadas como uma expansão. A tarefa PHP Extension Community Library (PECL) é um armazém para aumentos no dialeto PHP. PDO - (PHP Data Objects) é uma interface para aceder a bases de dados.

O dialeto PHP foi inicialmente atualizado como um tradutor, e este é ainda o uso mais prevalente. Foram produzidos alguns compiladores que dissociam o dialeto PHP do tradutor. Circunstâncias favoráveis de montagem incorporam melhor velocidade de execução, investigação estática e interoperabilidade aprimorada com código escrito em diferentes dialetos. Os compiladores de PHP dignos de nota incorporam sometimes, que ordena o PHP em código de bytes Common Intermediate Language (CIL), e Hip hop, criado no Facebook e agora acessível como código aberto, que muda o PHP Script para C++, e depois o monta, diminuindo a carga do servidor até metade.

O código-fonte do PHP é montado em tempo real para um arranjo interno que pode ser executado pelo motor PHP. Com o objetivo específico de acelerar o tempo de execução e não necessitar de encomendar o código-fonte PHP de cada vez que se acede à página do sítio, os scripts PHP podem igualmente ser transmitidos em formato executável utilizando um compilador PHP.

Os analisadores de código planeiam melhorar a execução do código incorporado, diminuindo o seu tamanho, consolidando as direcções em excesso e implementando diferentes melhorias que podem diminuir o tempo de execução. Com o PHP, existem frequentemente portas abertas para o avanço do código. Uma ilustração de um melhorador de código é o eaccelerator PHP augmentation.

Uma metodologia alternativa para diminuir a sobrecarga de agregação para servidores PHP é a utilização de um armazenamento de opcode. As reservas de opcode funcionam reservando o tipo ordenado de um script PHP (opcodes) na memória transmitida para evitar a sobrecarga de analisar e organizar o código cada vez que o script é executado. Uma reserva de opcode, APC, é desejada para ser incorporada com uma chegada futura do PHP (no entanto, não 5.4 como anteriormente arranjado). A reserva de opcode e a racionalização do código podem ser consolidadas para uma melhor proficiência, uma vez que os ajustes não dependem uns dos outros((eles acontecem em diferentes fases da agregação).

O PHP é uma programação livre descarregada sob a Licença PHP, que exige isso: Itens obtidos a partir deste produto não podem ser chamados de "PHP", nem "PHP" pode aparecer em seu nome, sem autorização prévia composta de group@php.net. Você pode demonstrar que seu produto atende às expectativas em conjunto com o PHP dizendo "Foo for PHP" em vez de chamá-lo de "PHP Foo" ou "phpfoo". Este confinamento na utilização do nome PHP torna-o inconsistente com a Licença Pública Geral GNU (GPL).

Caraterísticas de uma aplicação prática de PHP:
* Uma   base de código orientada para objectos
* Interface HTML externa utilizando modelos

- Configuração externa.
- Mensagem personalizável.
- Armazenamento de dados relacionais.
- Controlo de acesso incorporado.
- Estrutura de diretórios portátil.

O acrónimo PHP para (PHP Hypertext Preprocessor) é um dialeto de scripting inserido no lado do servidor. Isto implica que ele satisfaz as expectativas com um registo HTML para lhe dar o limite de produzir substância com interesse. Pode transformar a sua página web numa aplicação web, e não simplesmente num conjunto de páginas estáticas que não podem ser revistas com tanta frequência, o que pode ser bom para os sítios PESSOAIS, mas não para o caso particular que vai ser utilizado com sítios empresariais e instrutivos. O PHP foi concebido para lidar com a web e, neste âmbito, excede as expectativas; unir e questionar uma base de dados é uma tarefa básica que pode ser resolvida em 2 ou 3 linhas de código. O motor de scripting do PHP é decentemente simplificado para os tempos de reação exigidos nas aplicações web; pode até ser uma parte do próprio servidor web, aumentando consideravelmente o rendimento.

5.1.3 Breve introdução sobre Javascript

O Javascript é um dialeto de scripting geralmente utilizado para o melhoramento da Web do lado do cliente. Foi a linguagem inicial da norma ECMA Script. É um dialeto dinâmico, pouco escrito e baseado em modelos, com capacidades de topo de gama. O Javascript foi afetado por numerosos dialectos e pretendia assemelhar-se ao Java, mas ser mais simples para os engenheiros de software trabalharem com ele. O Javascript, apesar do nome, é basicamente irrelevante para o dialeto de programação Java, embora ambos tenham a estrutura básica da linguagem C e o Javascript duplique numerosos nomes e tradições de nomenclatura Java. O nome do dialeto é o efeito de um acordo de co-promoção entre a Netscape e a Sun, em troca de a Netscape empacotar o tempo de execução Java da Sun com o seu programa então predominante. Os principais padrões de esboço dentro do Javascript são adquiridos dos dialectos de programação self e Scheme.

5.1.4 Breve introdução sobre HTML

HTML, introdução de Hyper Text Markup Language, é o dialeto de marcação predominante para páginas Web. Dá uma intenção de retratar a estrutura de dados baseada em conteúdo num registo, significando determinado conteúdo como ligações, cabeçalhos, passagens, registos, etc., e de complementar esse conteúdo com estruturas intuitivas, imagens inseridas e outros objectos. O html é composto por etiquetas, englobadas por parênteses. O html pode igualmente retratar, até certo ponto, a aparência e a semântica de um arquivo, e pode incorporar código de dialeto de scripting implantado (por exemplo, Javascript), que pode influenciar a conduta de programas Web e outros processadores HTML.

5.2 Implementação do BILD TEST

A investigação existente baseia-se em milhões de críticas; um grande conjunto de dados recolhidos da Amazon.com, como os sítios de compras comerciais em linha. Mas o nosso trabalho utiliza tanto dados privados como públicos sobre cada avaliação e o seu avaliador. Devido a este requisito inevitável, criámos o nosso próprio sistema de extração de críticas que funciona exatamente como uma plataforma de compras em linha. A figura 5.2 mostra o sistema de extração de críticas.

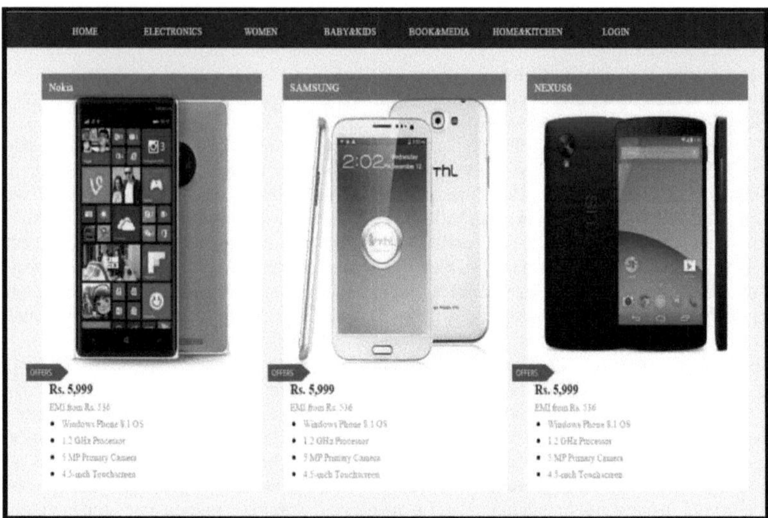
Figura 5.2 Revisão dos sistemas de extração

Trata-se de uma plataforma que contém uma variedade de produtos de consumo em categorias bem definidas. Como mostra a figura 5.1, são dadas muitas opções, por exemplo, eletrónica, mulheres, bebés e crianças, casa e cozinha, etc. Um utilizador pode visitar o sítio Web e ter acesso a todos os produtos, bastando clicar no nome da categoria relevante. Os visitantes dos sítios Web podem ler as opiniões publicadas por outros. Mas se um visitante quiser escrever um comentário sobre um produto, tem de se registar no sistema. A figura 5.3 abaixo mostra a página de início de sessão do nosso sistema, através da qual um utilizador pode iniciar sessão no sistema.

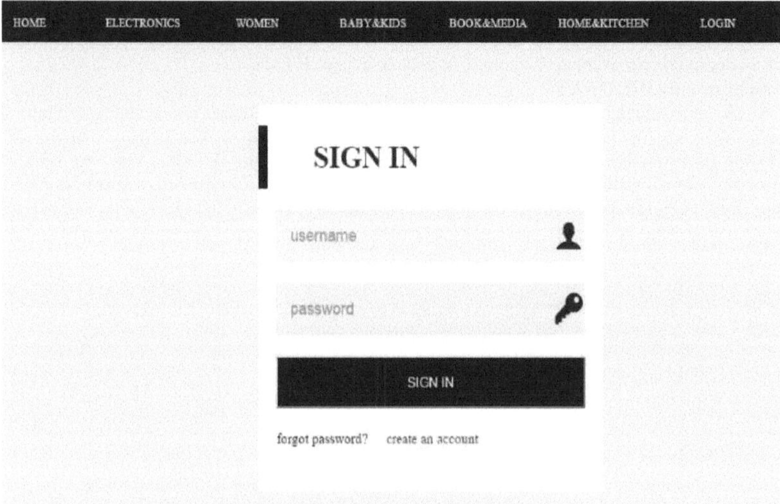

Figura 5.3 Página de início de sessão

Um novo utilizador pode registar-se clicando na opção criar uma conta; ser-lhe-á pedido que introduza os seus dados pessoais, como mostra a figura 5.4. Agora, sendo um utilizador registado, pode avaliar qualquer um dos produtos disponíveis no sítio de avaliação de produtos.

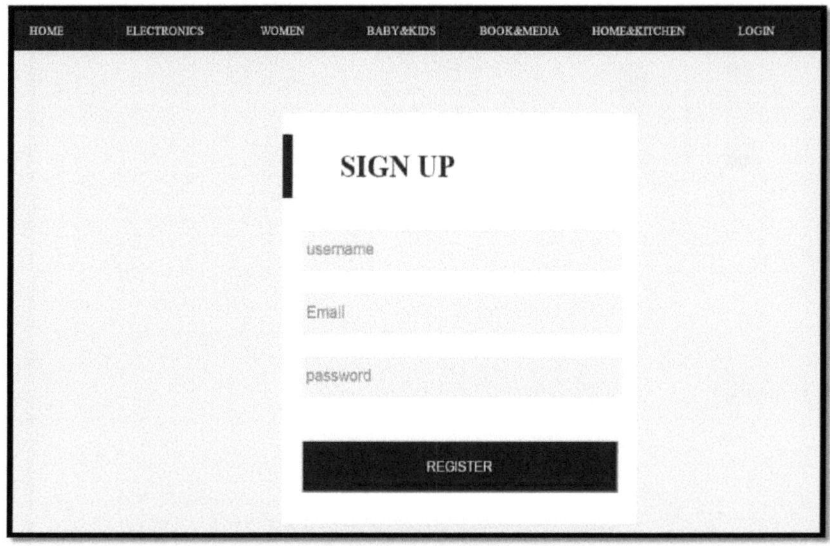

Figura 5.4 Página de registo

Todos os utilizadores registados estão autorizados a publicar as suas opiniões sobre qualquer um dos produtos disponíveis. Quando um utilizador clica num produto específico, a sua descrição detalhada é apresentada no ecrã. A descrição de um dos produtos é apresentada na figura 5.5. Existe também uma opção para voltar à página inicial em qualquer altura.

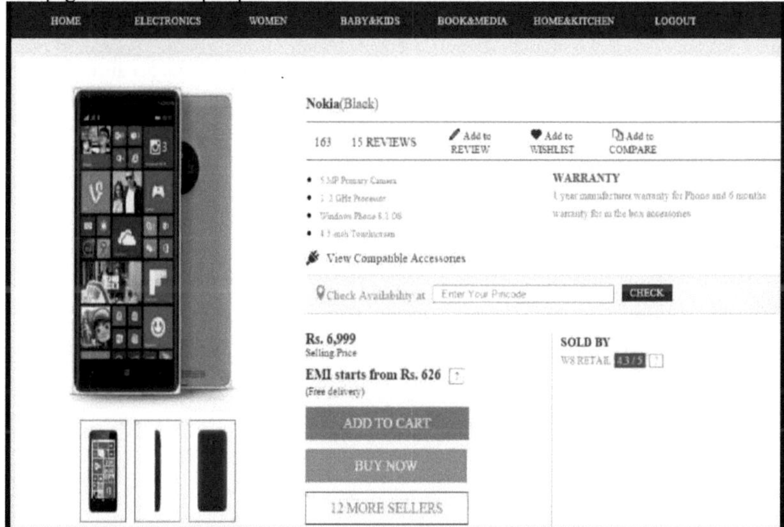

Figura 5.5 Descrição pormenorizada de um produto específico

Quando se abre uma descrição pormenorizada de um produto, são também fornecidas ligações diretas para os utilizadores lerem ou escreverem uma crítica. Como mostra a figura 5.6, o utilizador tem de clicar em "add to review" para escrever. Pode também ler os comentários existentes publicados por outros utilizadores clicando no número total de comentários, ou seja, "15 AVALIAÇÕES", como se mostra abaixo:

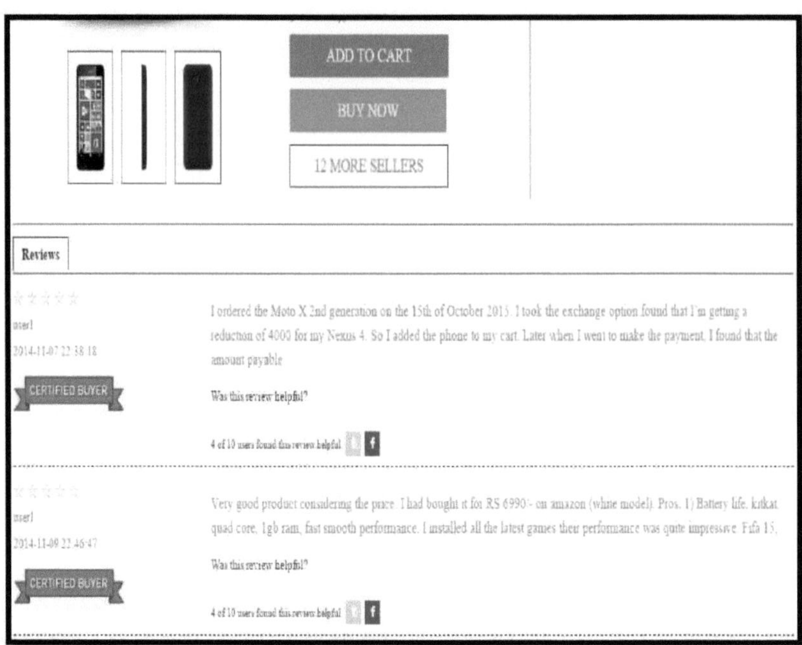

Figura 5.6 Comentários publicados pelos utilizadores

Ao clicar em "ADD TO REVIEW", o cursor orientará o utilizador para escrever um título de comentário e a sua opinião sobre o produto. Depois, o cliente terá de clicar no botão "Submeter" para publicar este comentário no portal de compras. Este processo pode ser visualizado na figura 5.7 abaixo:

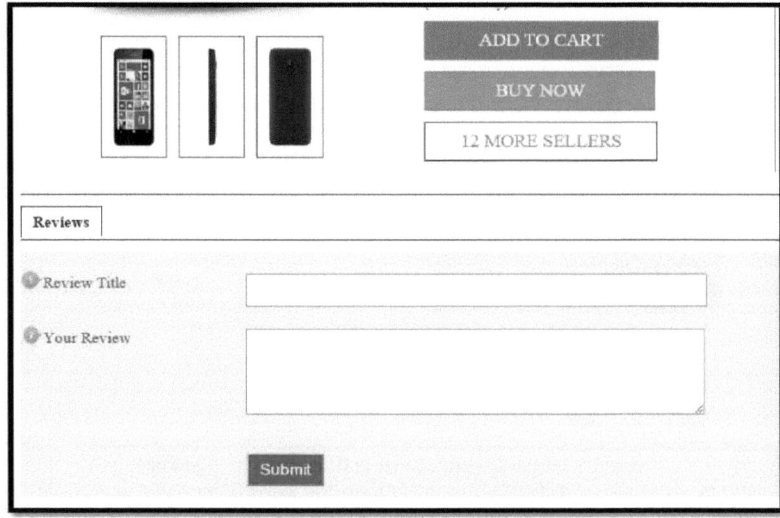

Figura 5.7 Escrever um comentário

Sabemos que, em cada sítio Web, existem dois aspectos desse sítio. Um é o aspeto do cliente e o outro é o aspeto do administrador, que é o principal controlador do sítio Web. Aqui, os clientes do sítio são os utilizadores que podem visitar o sítio para obter a descrição do produto, podem iniciar sessão, podem ler as opiniões existentes e podem escrever uma nova opinião sobre o produto. Por outro lado, o administrador tem todos os direitos do cliente, bem como alguns direitos adicionais, como mostra o diagrama de casos de utilização da figura 5.8.

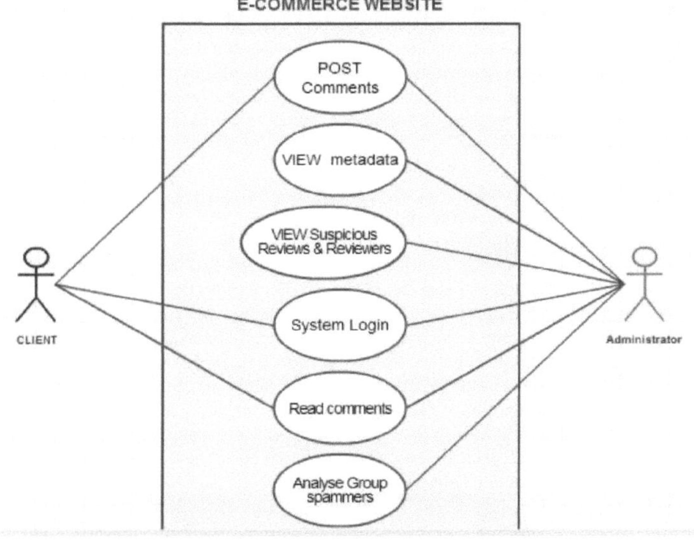

Figura 5.8 Diagramas de casos de utilização

Um administrador está autorizado a ver os resultados do BILD TEST, ou seja, pode ver listas de revisões suspeitas e listas de revisores suspeitos e também pode analisar grupos de spammers que trabalham em conjunto para atingir um alvo. Quando um administrador inicia sessão no sistema de exploração de avaliações, obtém uma opção adicional de "VIEW RESULTS" (ver resultados), como mostra a figura 5.9 abaixo:

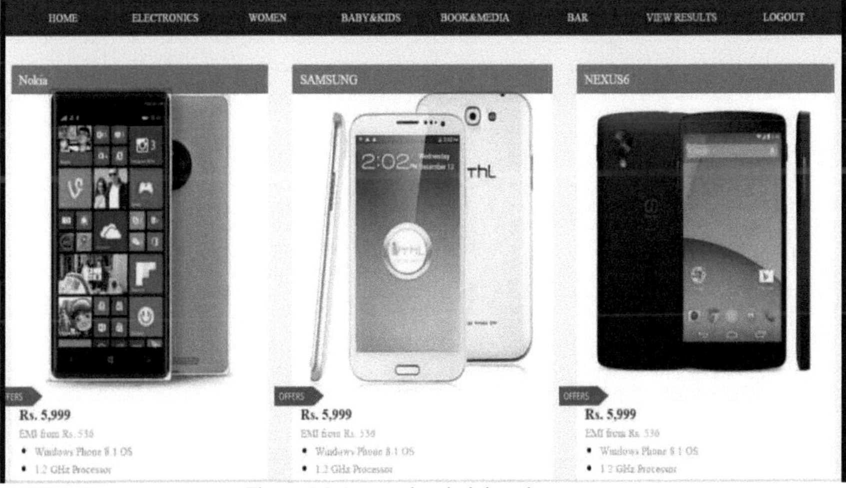

Figura 5.9 Aspeto do administrador

5.3 ANÁLISE DOS RESULTADOS
O BILD TEST é um processo em duas etapas.

5.3.1 Resultados da classificação baseada em regras

O primeiro passo, ou seja, a classificação baseada em regras, ajuda a identificar casos suspeitos com semelhanças de conteúdo entre si. De acordo com o algoritmo acima referido, são aplicadas algumas regras caraterísticas ao conjunto de dados das avaliações. Cada avaliação será então verificada em relação a todas as regras. Os critérios seguidos pelo método de classificação com base em regras consistem em aplicar as várias regras ao conjunto de dados de avaliações de amostras recolhido para um produto. O administrador do sítio de comércio eletrónico pode ver os resultados da aplicação de várias regras ao conjunto de dados de avaliações. Os resultados experimentais são apresentados em seguida. Há quatro casos principais que contêm semelhanças baseadas no conteúdo:

- Duplicados do mesmo utilizador no mesmo produto
- Duplicados do mesmo utilizador em produtos diferentes.
- Duplicados de diferentes utilizadores no mesmo produto.
- Duplicados de diferentes utilizadores em diferentes produtos.

Os resultados correspondentes aos quatro casos suspeitos acima referidos são quatro listas suspeitas que contêm, respetivamente, as listas das avaliações abrangidas pela regra em causa. A lista suspeita 1 mostra a lista de todas as avaliações que são publicadas pelos mesmos utilizadores sobre os mesmos produtos mais de duas vezes. A razão subjacente à extensão dada na contagem da avaliação deve-se a razões genuínas, como premir o botão Enter mais do que uma vez ou erro de rede. Esta razão também pode ser a causa de vários posts iguais para um produto. Por isso, aqui no nosso trabalho, mantemos um limite para o número de revisões múltiplas iguais aceitáveis para um produto. Também é óbvio que este tipo de excepções não ocorrerá mais do que duas vezes. Assim, qualquer utilizador que publique o mesmo comentário mais de duas vezes será considerado suspeito neste teste. A lista de suspeitos 1, baseada no nosso próprio conjunto de dados de comentários, é apresentada na figura 5.10 abaixo:

UTILIZADOR NOME	PRODUTO NOME	COMENTÁRIO	NÚMERO DE VEZES
administrador	HTC	Irão mesmo local	2
utilizador?	SAMSUNG	Encomendei um telemóvel e, juntamente com ele, queria uma capa protetora para a parte de trás. Para a capa, selecionei uma imagem que mostrava uma capa traseira substituível. A imagem não era muito clara e encomendei-a pensando que se tratava da capa traseira. Tanto o telemóvel como a capa foram entregues	2
nserl	HTC	Encomendei o Moto X 2.ª geração no dia 15 de outubro de 20151 e, ao clicar na opção de troca, verifiquei que o Fin obtinha uma redução de 4000 euros para o meu Nemis 4. Por isso, adicionei o telemóvel ao carrinho. Mais tarde, quando fui efetuar o pagamento. Descobri que o valor a pagar	2

Figura 5.10 Lista de suspeitas 1

A figura 5.10 mostra quatro colunas com o nome do utilizador, o nome do produto, o comentário e o número de vezes que o utilizador publicou o mesmo comentário. Para dar um passo em frente no nosso estudo, aplicámos a segunda regra ao conjunto de dados das avaliações, o que resultou na lista suspeita 2. A lista suspeita 2 contém todas as avaliações idênticas publicadas pelo mesmo cliente, mas com produtos diferentes.

Lista suspeita 3		
NOME DO PRODUTO	COMENTÁRIO	NÚMERO DE UTILIZADORES
SAMSUNG	Seguem-se alguns dos problemas com este telefone: 1) Quando ligamos a alguém da lista de contactos, internamente funciona. Quero dizer, as chamadas são ligadas do outro lado, mas aqui no meu ecrã continua a aparecer a mesma lista de contactos (ecrã SEM chamadas), parece que está pendurado. 2) Então	2

Figura 5.11 Lista de suspeitas 2

Agora, na figura 5.11 acima, o número de produtos contém um valor numérico (por exemplo, 2), o que significa que o utilizador1 publicou o mesmo comentário em dois produtos diferentes. O administrador pode clicar neste valor numérico para ver o nome desses produtos. Além disso, observámos que um único utilizador pode registar-se com vários ID de utilizador diferentes e publicar comentários semelhantes para um produto. Esta parece ser uma abordagem casual, que pode ser seguida por um número máximo de spammers. A sua tendência é visar uma única entidade através de vários ID de utilizador. Os resultados da regra aplicável são apresentados da seguinte forma na lista suspeita 3:

Lista suspeita 2		
UTILIZADOR NOME	COMENTÁRIO	NÃO DE PRODUTOS
useii	Encomendei o Moto X de 2.ª geração a 15 de outubro de 2015.1. Ao escolher a opção de troca, descobri que estou a receber uma redução de 4000 euros pelo meu Nexus 4. Por isso, adicionei o telemóvel ao meu carrinho. Mais tarde, quando fui efetuar o pagamento, verifiquei que o montante a pagar	2
ID do utilizador	Tive uma experiência muito má com a Flipkart no que diz respeito ao telemóvel Moto G. Comprei-o através da Flipkart e, passados 4 meses, a ranhura fina ficou danificada	2
utilizadorS	paguei o valor total do item novo, mas recebi o item usado (guia HCL me), foi um presente de aniversário para alguém, em primeiro lugar, eles levaram quase 7/8 dias para entregar o item, recebi a entrega antes de um dia (aniversário) quando abri a embalagem fiquei chocado ao ver o item c	2

Figura 5.12 Lista de suspeitas 3

Os resultados do quarto caso de semelhança de conteúdo abrangem todas as avaliações exatamente duplicadas que são publicadas por diferentes utilizadores em produtos distintos. A lista de suspeitas 4 é apresentada na figura 5.13 abaixo:

Lista suspeita 4

COMENTÁRIO	N O DE TEMPOS	NÚMERO DE UTILIZADORES	NÚMERO DE ARTIGOS
Encomendei um telemóvel e, juntamente com ele, queria uma capa protetora para a parte de trás. Para a capa, selecionei uma imagem que mostrava uma capa traseira substituível. A imagem não era muito clara e encomendei-a pensando que se tratava da capa traseira. Tanto o telemóvel como a capa foram entregues	3	2	2

Figura 5.13 Lista de suspeitas 4

A partir dos resultados de vários resultados sob a forma de listas de suspeitas, o desempenho da primeira etapa pode ser apresentado sob a forma de um gráfico denominado gráfico de cobertura de regras. *A cobertura* e *a exatidão* de cada regra podem ser avaliadas utilizando a equação (2) e a equação (3). O termo cobertura de uma determinada regra depende do número de revisões suspeitas por ela identificadas.

A tabela abaixo mostra o número de revisões consideradas suspeitas com base em várias regras:

QUADRO 5.1 Número de análises identificadas como suspeitas (amostra)

Regra	Número de reexames abrangidos
Regra I	2
Regra II	6
Regra III	4
Regra IV	5

Como observado nos dados acima, cada regra extrai um ou mais números de avaliações que não são genuínas. Os resultados acima podem ser visualizados em termos do gráfico de cobertura de regras apresentado abaixo:

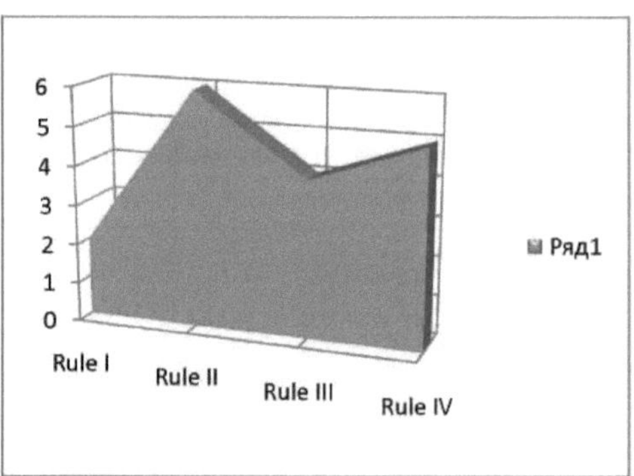

Figura 5.14 Gráfico de cobertura de regras

5.3.2 Resultados da abordagem parametrizada

Todos os casos suspeitos discutidos na etapa I abrangem apenas os spams de revisão que têm semelhanças de conteúdo. Mas é sabido que os autores de spam são suficientemente inteligentes para publicar spam de forma inteligente para não serem apanhados. Quando um utilizador publica uma informação opinativa na Web, os seus dados privados e públicos são armazenados no nosso sistema. O nosso sistema tem capacidade para armazenar os seguintes dados relativos ao cliente que publica uma opinião: nome de utilizador; ID do correio eletrónico; endereço; data e hora; ID do navegador; endereço IP; valores de longitude e latitude. Informações como o nome de utilizador e a data e hora da publicação estão autorizadas a ser exibidas publicamente no aspeto do cliente. Embora informações como endereço IP; localização; ID do navegador etc. sejam úteis apenas para análise de spam. Estes metadados privados não são apresentados em lado nenhum no aspeto do cliente. Este processo de armazenamento das informações na base de dados aplica-se a todos os utilizadores que publicam uma avaliação. Agora, se ocorrerem quaisquer actividades de spam para qualquer produto ou marca alvo, estas serão detectadas através desta análise parametrizada no BILD TEST.

5.3.2.1 Baseado no BROWSER-ID

O Browser-id é um número aleatório gerado automaticamente para todos os utilizadores que acedem ao sistema. Este número é uma identificação única para um utilizador que utiliza uma máquina e um programa de navegação específicos. Este número é decidido com base na combinação da identificação do correio eletrónico e do programa de navegação utilizado pelo utilizador para iniciar sessão. Este número permanecerá o mesmo até o utilizador limpar os cookies do sistema ou mudar para outro programa de navegação na mesma máquina.

É encontrada uma nova lista suspeita com base no mesmo Browser-id. A lista apresentada na figura 5.15 mostra o número total de mensagens de avaliação de um determinado ID de navegador. Isso significa que alguns utilizadores estão a fazer 6 avaliações a partir de um único ID de navegador (por exemplo, 29682).

TOTAL	ID DO BROWSER
6	29682
4	33804
1	35039
4	4S875
7	49469
1	52513

Figura 5.15 Lista de suspeitos baseada no mesmo ID de navegador

5.3.2.2 Com base no mesmo endereço IP

Para levar o nosso estudo mais longe, analisámos a próxima lista suspeita, que resultará numa lista de todas as críticas que foram publicadas utilizando o mesmo endereço IP. Este tipo de parâmetro de rede ajudará muito na identificação de spammers de grupo. Os spammers de grupo trabalham em conjunto, em conluio, para atingir um produto-alvo. Eles também são pagos por uma organização para fazer isso. A organização por detrás destas actividades de spam geralmente utiliza um ou dois endereços de rede. Todas as postagens de revisão dessa organização em particular são verificadas com o mesmo valor para o endereço IP. Além disso, a sua localização também seria a mesma. A figura 5.16 mostra a lista de todos os comentários publicados a partir do mesmo endereço IP.

Lista suspeita 6 (Mesmo ip)	
Total	ENDEREÇOS IP
4	111.93.50.75
4	111.93.50.91
3	111.93.50.92

5	117.200.61.55
4	117.206.62126

Figura 5.16 Lista de suspeitos baseada no mesmo endereço IP

5.3.2.3 Com base na mesma localização

Esta estatística geográfica também é muito útil para identificar todas as mensagens de revisão feitas quase no mesmo local. Este parâmetro é uma ajuda para detetar actividades de spam, bem como grupos de spammers. Os valores da longitude e da latitude têm a forma de números decimais, como se mostra na figura 5.17:

Lista de suspeitos (com base na latitude e longitude)		
LATITUDE	LONGITUDE	NÚMERO DE VEZES
30.52	76.65	2
30.37	76.77	9
30.72	76.85	5

Figura 5.17 Lista de suspeitos com base na mesma localização

5.4 Análise combinada de classificação baseada em regras e abordagem parametrizada

Nesta fase do BILD TEST, conseguimos identificar várias listas suspeitas devido a causas relevantes que já foram discutidas juntamente com os resultados. Assim, a situação exige agora a análise dos resultados consolidados de todas as listas suspeitas encontradas até à data. Tal como mencionado nos objectivos, o nosso objetivo é identificar comentários suspeitos, avaliadores suspeitos e grupos de spammers. Todas as listas suspeitas identificadas em ambas as etapas são consolidadas de forma a serem classificadas em três categorias principais, como mostra a figura 5.18 abaixo:

Figura 5.18 Três baldes de suspeitas

A figura 5.19 abaixo mostra listas de todas as avaliações consideradas suspeitas pelo BILD TEST. A figura seguinte contém muitos nomes de campos, como reviewid, No of Lists, User-id, Content. Aqui, review id é o número de identificação único para identificar cada comentário de forma exclusiva no sítio; user-id é a identidade única do utilizador; content especifica o texto do comentário; no. of lists indica que o comentário correspondente é considerado suspeito na lista número 1, 2, 3, 4, 5 e 6. Da mesma forma, a crítica na segunda tupla da figura 5.18 é detectada como suspeita na lista número 1, 2, 5 e 6.

REVIEW ID	NO OF LISTS	USER ID	CONTENT
21	list1, list2, list3, list4, list5, list6	9	I ordered a mobile phone and along with it I wanted a back protective cover. For cover I selected an image shown which was a replaceable back cover. It was not very clear and I ordered it thinking that it is the back cover. Both phone and cover were deliv
10	list1, list2, list5, list6	12	I had very bad experience with Flipkart regarding Moto G phone .I bought it through flipkart and after 4months slim slot damaged
9	list1, list2, list3, list5, list6	2	I ordered the Moto X 2nd generation on the 15th of October 2015. I took the exchange option found that I'm getting a reduction of 4000 for my Nexus 4. So I added the phone to my cart. Later when I went to make the payment, I found that the amount payable
16	list5, list6	6	Hive is nothing but a customized UI like Sony has xperia and Samsung has toutchwiz
15	list5, list6	10	Third class chinese mobile, hangs any time. Norma application crashes in between.
14	list5, list6	11	I had ordered 2 quantities of the same item(saree) . They took the payment for both, but delivered only 1. When I complained, they took that item and again delivered 1 quantity.that to a different one

Figura 5.19 Revisões suspeitas

5.4.1 Revisores suspeitos

Todos os autores de spam que escreveram avaliações falsas são avaliadores falsos. Tendo em conta a lista de todas as avaliações suspeitas, os avaliadores suspeitos também podem ser identificados utilizando uma chave externa, ou seja, o ID do utilizador. A análise dos resultados dos avaliadores suspeitos é apresentada na figura 5.20. Isto ajudará a observar o número total de avaliações falsas que foram escritas por um único remetente de spam.

USER ID	NAME	NO OF SUSPICIOUS REVIEWS
1	admin	15
9	user3	12
7	user3	6
4	user3	8
12	user5	12
2	user1	19
6	user5	2
10	user5	2
11	user5	4

Figura 5.20 Revisores suspeitos

5.4.3 Spammers de grupo

Ao clicar no terceiro balde da análise de resultados, o administrador ficará a conhecer o conluio que está a funcionar para um produto ou marca-alvo. Esta análise baseia-se exclusivamente nos parâmetros de rede e nas estatísticas geográficas dos avaliadores. Os meta-parâmetros, como o endereço IP, o Bowser-id e a localização, iluminam a escuridão dos avaliadores falsos. A figura 5.21 mostra que o grupo de remetentes de spam que trabalha em conjunto pode ser da mesma localização ou pode estar a utilizar o mesmo endereço IP ou pode ter o mesmo Browser-id.

Suspicious reviews	Suspicious reviewers	Group Spammers

NAME	REASON
user3	same browserid
user9	same browserid
admin	same browserid
user3	same ip address
user9	same ip address
admin	same ip address
user5	same ip address
admin	nearby locations
user5	nearby locations
user3	nearby locations
admin	nearby locations

Figura 5.21 Spammers de grupo

5.5 Decidir o nível de espamicidade e a categoria das críticas suspeitas

Os metadados ajudarão a calcular o nível de espamicidade de cada crítica publicada no sítio Web de comércio eletrónico e ajudarão, sem dúvida, a identificar críticas falsas e também grupos de spammers que trabalham para visar qualquer produto.

Tabela 5.2 Classificação das revisões de acordo com o nível de espamicidade

Número de listas	Nível de Espacialidade	Espamicidade Categoria
>5	5	Extremamente Suspeita
<=5	4	Suspeita

<=4	3	Incrível
<=3	2	Cético
<=2	1	Olhos verdes

A tabela acima ajudará a avaliar o nível de espamicidade e a categoria de espamicidade de uma determinada avaliação publicada pelo cliente. O nível de espamicidade da avaliação é decidido com base no número de listas que indicam que uma avaliação é suspeita e, por conseguinte, a sua categoria de espamicidade também pode ser identificada utilizando a tabela acima. A categoria de espamicidade define o impacto de uma avaliação suspeita, ou seja, o nível 5 indica que a avaliação é considerada suspeita **em mais de cinco listas** e as avaliações situadas abaixo deste nível são ***extremamente suspeitas***. Por exemplo, se uma pessoa estiver a trabalhar para uma empresa ou organização e o seu objetivo for prejudicar a reputação da empresa competente. A pessoa tem um número N de IDs de utilizador diferentes e únicos. Cada pessoa tentará trabalhar como um grupo para o produto-alvo. Utilizando vários IDs de utilizador, o remetente de spam publicará um número X de críticas diferentes e desmotivadoras sobre o produto-alvo. É muito provável que o remetente de spam pretenda publicar o máximo de comentários através da mesma máquina e que escreva vários comentários genuínos quase no mesmo período de tempo. É muito provável que esses comentários tenham o mesmo endereço IP, o mesmo endereço MAC e a mesma localização. Deste modo, em sítios Web de comércio eletrónico, podem ser detectados vários tipos diferentes de comentários, mesmo que sejam publicados utilizando várias identificações de utilizador. Este método proposto ajudará, sem dúvida, a minimizar o impacto das críticas falsas publicadas por spammers de opinião, de modo a proporcionar uma melhor e verdadeira qualidade de classificação aos clientes.

CONCLUSÃO E ÂMBITO FUTURO

Conclusão

O estudo anterior incidiu sobre a análise de sentimentos a partir de textos de grande dimensão. Os seus estudos partem do princípio de que todas as opiniões escritas nos sítios Web são verdadeiras e fornecidas por clientes genuínos. No entanto, isto pode não ser sempre verdade. Atualmente, os spammers agem de forma inteligente para enganar os outros. Pretendem publicar opiniões semelhantes às reais sobre um produto-alvo para aumentar ou diminuir a sua classificação. Muitas organizações estão a oferecer uma quantia considerável para realizar tais actividades, o que, naturalmente, atrai as pessoas para escreverem conteúdos falsos na Web. Tornou-se agora importante identificar e detetar esses spammers que estão a brincar com os sentimentos dos outros. Tanto quanto sei, com base na mais recente revisão da literatura, parâmetros como os metadados de qualquer recensão não foram introduzidos nos mecanismos anti-spam de recensão. Para aperfeiçoar as técnicas anti-spam de revisão prevalecentes, implementámos uma nova técnica para identificar revisões suspeitas através da inclusão de metadados sobre uma revisão. No nosso trabalho, efectuámos a implementação utilizando o nosso próprio sistema de exploração de análises, no qual, inicialmente, recolhemos metadados sobre cada análise. Os metadados incluem parâmetros de rede como o endereço IP e o ID do navegador, juntamente com estatísticas geográficas para encontrar a localização dos autores de spam. O nosso trabalho tem a capacidade de identificar críticas suspeitas, avaliadores suspeitos e spammers de grupo.

Âmbito futuro

É sabido que quase todos os sítios Web comerciais e sítios de redes sociais armazenam dados privados e públicos relacionados com o utilizador. Ao mesmo tempo, fornecem políticas de privacidade para as informações pessoais relacionadas com o utilizador. No nosso trabalho, utilizámos os detalhes das avaliações para uma causa Nobel de preservação da ética social e para evitar que pessoas genuínas sejam enganadas. O nosso trabalho ainda só foi testado em sítios Web de análise de produtos. Mas o âmbito do BILD TEST não se limita apenas aos sítios de análise de produtos. No futuro, esta estratégia também pode ser utilizada noutros sítios de redes sociais como o FACEBOOK e sítios de avaliação de hotéis, etc. Além disso, este trabalho também pode ser levado mais longe através da integração com a nuvem para manter um registo de todos os detalhes relevantes sobre os utilizadores.

LISTA DE PUBLICAÇÕES

Título do artigo	Aceite em
Uma abordagem parametrizada para lidar com fantoches de meia	Conferência Internacional sobre Computação, Comunicação, Controlo e Tecnologias da Informação (C3IT 2015) (IEEE INDEXING)
MODELO SRC PARA IDENTIFICAR CRÍTICAS SEDUTORAS	SIMPÓSIO 2014 (PRÉMIO DE MELHOR PAPEL) International Journal of Today Idea Tomorrow's Technology.
Modelo FRI para identificar críticas falsas	Quinta Conferência Internacional sobre Avanços em Engenharia Informática - ACE 2014(McGraw- Hill)

Identificação de avaliações enganosas usando parâmetros de rede	2015 Conferência Internacional do IEEE sobre Tecnologias de Computação e Comunicações (ICCCT'15) (INDEXAÇÃO IEEE)
Teste BILD para detetar comentários suspeitos, avaliadores suspeitos e spammers de grupo	A Conferência Internacional sobre Sistemas de Comunicação e Tecnologias de Rede (CSNT-2015)

Referências

A. Z. Broder, "On the resemblance and containment of documents", em Proceedings of Compression and Complexity of Sequences, IEEE Computer Society, pp: 21-29, 1997.

N. Jindal e B. Liu, "Review Spam Detection", em Proceedings of WWW-2007 (poster paper), pp: 1189-1190, maio de 2007.

N. Jindal e B. Liu, "Opinion Spam and Analysis", em Actas da Primeira Conferência Internacional da ACM sobre Pesquisa na Web e Extração de Dados (WSDM-2008), pp: 219-230, Fev. 2008.

E. P. Lim, V. A. Nguyen, N. Jindal, B. Liu e H. Lauw, "Detecting Product Review Spammers using Rating Behaviors," in Proceedings of the 19th ACM International Conference on Information and Knowledge Management (CIKM-2010), pp: 939-948, Out. 2010.

N. Jindal, B. Liu e E. Lim, "Finding Unusual Review Patterns Using Unexpected Rules", na 19.ª Conferência Internacional da ACM sobre Gestão da Informação e do Conhecimento (CIKM-2010), pp: 1549-1552, Out. 2010.

M. Ott, Y. Choi, C. Cardie, e J.T. Hancock, "Finding deceptive opinion spam by any stretch of the imagination", ACL, pp: 309-319, 2011.

A. Mukherjee, B. Liu, J. Wang, N. Glance, N. Jindal, "Detecting Group Review Spam," WWW-2011 poster paper, pp. 93-94, 2011.

Li, Fangtao, M. Huang, Y. Yang, e X. Zhu, "Learning to Identify Review Spam," in Proceedings of the International Joint Conference on Artificial Intelligence (IJCAI-11), vol. 22, issue 3, pp.2488, 2011.

G. Wang, S. Xie, B. Liu, P. S. Yu, "Identify Online Store Review Spammers via Social Review Graph," ACM Transactions on Intelligent Systems and Technology, vol. 3, issue 4, 2012.

A. Mukherjee e B. Liu, "Modeling review comments ," in Proceedings of 50th annual meeting of association for computational linguistics: Long papers, vol. 1, pp: 320-329, 2012.

A. Mukherjee, B. Liu e N. Glance, "Spotting Fake Reviewer Groups in Consumer Reviews", International World Wide Web Conference, pp: 191-200, abril de 2012.

G. Caruana e M. Li "A survey of emerging approaches to spam filtering," in ACM computing survey, vol. 44, issue 32, 2012.

A. Mukherjee, A. Kumar, B. Liu, J. Wang, M. Hsu, M. Castellanos e R. Ghosh, "Spotting Opinion Spammers using Behavioral Footprints", em Proceedings of SIGKDD International Conference on Knowledge Discovery and Data Mining (KDD-13), pp: 632-640, ago. 2013.

Y. Lin, T. Zhu, X. Wang, J. Zhang e A. Zhou, "Towards Online review Spam Detection", em Proceedings of the companion of the 23rd International conference on World Wide Web companion, pp: 341-342, 2014.

R. Y. K. Lau, S. Y. Liao, R. C. Kwok, K. Xu, Y. Xia, e Y. Lia, "Text mining and probabilistic language modeling for online review spam detection," in ACM Transactions on Management Information Systems (TMIS), vol. 2, issue 4, Dec. 2011.

S. Xie, G. Wang, S. Lin, e P. S. Yu, "Review spam detection via temporal pattern discovery," in proceedings of the 18th ACM SIGKDD international conference on knowledge discovery and data mining, pp: 832-831, 2012.

S. Dixit e A. J. Agrawal, "Survey on review spam detection," in International Journal of Computer & Communication Technology, Vol. 4, 2013.

http://consumerist.com/2010/04/14/how-you-spot-fake-online-reviews, último acesso em 29 de maio de 2014.

https://support.google.com/places/answer/2622994?hl=en, último acesso em 27 de agosto de 2014.

S. Xie, G. Wang, S. Lin, e P. S. Yu, "Review spam detection via time series pattern discovery," in Proceedings of the 21st international conference companion on world wide web, pp: 635-636, 2012.

C. Xu, J. Zhang, K. Chang, e C. Long, "Uncovering collusive spammers in Chinese review websites," in proceedings of the 22nd ACM international conference on information and knowledge management, pp: 979-988, 2013.

Z. Zhang , B. Varadarajan , "Utility scoring of product reviews," in proceedings of the 15th ACM international conference on Information and knowledge management, pp: 51-57, CIKM, 2006.

R. Agrawal e R. Srikant, "Fast algorithms for mining association rule", em Proceedings of the 20th International Conference on Very Large Data Base (VLDB), pp. 487-499, 1994.

C. Xu, "Detecting collusive spammers in online review communities," in Proceedings of the sixth workshop on Ph.D. students in information and knowledge management, pp: 33-40, 2013.

N. Spirin e J. Han, "Survey on web detection: principles and algorithms," in ACM SIGKDD Explorations Newsletter, vol. 13, issue 2, Dec. 2011.

J. Stoppelman, "Why Yelp has a Review Filter. Blogue oficial do Yelp," 2009 http://officialblog.yelp.com/2009/10/why-yelp-has-a-review-filter.html.

A. Morales, H. Sun e X. Yan, "synthetic review spamming and defense", em actas da 22.ª conferência internacional[nd] sobre a companhia da World Wide Web, pp: 155-156, 2013.

R. Kant, S. H. Sengamedu, e K. S. Kumar "Comment spam detection by sequence mining," in proceedings of the fifth ACM international conference on web search and data mining, pp. 183-192, 2012: 183-192, 2012.

Bing Liu. "Sentiment Analysis and Opinion Mining", Morgan & Claypool Publishers, San Rafael, maio de 2012.

C. Castillo e D. D. Brian, "Adversarial web search in Foundations and Trends in Information Retrieval," vol. 4, issue 5, pp: 377-486, maio de 2011.

B. Liu, "Web Data Mining: Exploring Hyperlinks, Contents, and Usage Data," in ACM SIGKDD Explorations Newsletter, vol. 10, issue 2, Dec. 2008.

J. T. Hancock, L. E. Curry, S. Goorha, e M. Woodworth, "On lying and being lied to: A linguistic analysis of deception in computer-mediated communication. Discourse Processes," vol. 45, número 1pp: 1-23, 2007.

R. Mihalcea e C. Strapparava, "O detetor de mentiras: Explorations in the automatic recognition of engantive language", em Proceedings of the ACL-IJCNLP 2009 Conference Short Papers, pp: 309-312, 2009.

M. L. Newman, J. W. Pennebaker, D. S. Berry, e J. M. Richards, "Lying words: Predicting deception from linguistic styles. Personality and Social Psychology Bulletin," vol. 29, issue 5, 66-675, 2003.

K. Sharma e K. Lin, "Review spam detetor with rating consistency check," nos anais da 51st ACM Southeast Conference Article No. 34, 2013.

A. Duh, G. Stiglic, e D. Korosak, "Enhancing identification of opinion spammer groups," in proceedings of international conference on making sense of converging media, pp: 326, 2013.

L. Zhou, Y. Shi, e D. Zhang, "A Statistical Language Modeling Approach to Online Deception Detection," in IEEE Transactions on Knowledge and Data Engineering, pp: 10771081, 2008.

Printed by Books on Demand GmbH, Norderstedt / Germany